Consciencia Inquebrantable
Meditación en Medio del Caos

Otros libros escritos por Richard L. Haight

The Warrior's Meditation (La Meditación del Guerrero)
The Unbound Soul (Alma Liberada)
Inspirience: Meditation Unbound
The Psychedelic Path

Consciencia Inquebrantable

Richard L. Haight

Shinkaikan Body, Mind, Spirit LLC
www.richardlhaight.com

Título original: *Unshakable Awareness*

Traducción: Juan Manuel Gimenez Sirimarco

Revisión de la traducción: Paula Izquierdo Altarejos

Derechos de la obra © 2021 por Richard L. Haight
Todos los derechos reservados. Ninguna parte de esta publicación puede reproducirse, distribuirse o transmitirse de ninguna manera o por ningún medio, incluyendo fotocopias, grabaciones u otros métodos electrónicos o mecánicos, sin previa autorización por escrito de la editorial, excepto en caso de citas breves incorporadas en reseñas críticas y algunos otros usos no comerciales permitidos por las leyes de derechos de autor.

ISBN 978-1-7349658-7-2

Aviso Legal:
1. Algunos nombres y detalles de identificación se han cambiado para proteger la privacidad de las personas.
2. Este libro no tiene la intención de sustituir las recomendaciones médicas o psicológicas de doctores o psiquiatras. El lector debe consultar regularmente con profesionales de la salud sobre temas relacionados con su salud física o mental/emocional, y particularmente con respecto a cualquier síntoma que pudiese necesitar atención médica o un diagnóstico.

Publicado por Shinkaikan Body, Mind, Spirit LLC
www.richardlhaight.com

Índice

Agradecimientos vii

Prólogo ix

Introducción 1

¿Cómo Usar Este Libro? 6

Parte I — Reestructuración de la Mente y el Cuerpo 8

    Capítulo 1 — Plasticidad Neuronal   10

    Capítulo 2 — Estimulación del Nervio Vago   17

    Capítulo 3 — Otros Cambios Corporales   21

Parte II — Tonificación del Nervio Vago   24

    Capítulo 4 — Sonidos Primarios   26

    Capítulo 5 — Dimensiones de los Sonidos   31

    Capítulo 6 — Terapia con Sonidos   34

Parte III — Entrenamiento Básico para la Presión   37

    Capítulo 7 — Purificación con Agua   39

    Capítulo 8 — Enfrentar el Agua   41

    Capítulo 9 — Fluir con Problemas de Salud   49

    Capítulo 10 — Medir el Progreso   54

Parte IV — Entrenar la Mente   58

   Capítulo 11 — Luchar Contra el Miedo   60

   Capítulo 12 — Ser Consejero de tu Propia Mente   65

   Capítulo 13 — Ser Consejero de tu Propio Cuerpo   68

   Capítulo 14 — El Poder de un Aliento   73

Parte V — Entrenamiento de Meditación   76

   Capítulo 15 — Meditación Básica con el MITM   78

   Capítulo 16 — Consciencia Esférica   86

   Capítulo 17 — Entrenamiento Corporal Profundo   92

   Capítulo 18 — Ejercicios y Juegos para la Consciencia   97

Parte VI — Vivir en Consciencia   106

   Capítulo 19 — Recordatorios Diarios   108

   Capítulo 20 — El Corazón del Caos   113

   Capítulo 21 — Incorporación Diaria   117

   Capítulo 22 — Transformación   123

Referencias Rápidas   126

Avances de La Meditación del Guerrero   147

Sobre el Autor   149

Referencias Bibliográficas   151

Contacto   152

Cuaderno de Ejercicios Paso a Paso 153

Entrenamiento Diario de Meditación Guiada con Richard L. Haight   190

Agradecimientos

'Consciencia Inquebrantable' está dedicado a mi instructor de artes marciales, Shizen Osaki (17 de junio de 1951 - 27 de julio de 2020). Fue un gran mentor y un querido amigo. Nunca podré agradecerle todo lo que hizo para apoyar mi camino y el *Método de Incorporación Total de la Meditación (Total Embodiment Method)*. Si no fuese por él, este libro no habría podido escribirse. Su espíritu continúa vivo a través de sus hijos y todos sus estudiantes.

Me gustaría agradecer a mis estudiantes Barbara Becker, Linda LaTores, y Toni Hollenbeck por haberme dado los primeros comentarios sobre el manuscrito y por sugerirme añadir un cuaderno de ejercicios como apéndice al texto principal. Ellas proporcionaron la mayoría de las preguntas que componen el cuaderno de ejercicios.

También me gustaría agradecer a los estudiantes a los que he servido de mentor, por afrontar de manera positiva los muchos desafíos que este entrenamiento ofrece y por sus tantas preguntas, las cuales han servido para dar claridad al contenido de este libro.

A mi editora, Hester Lee Furey, extiendo mi más sincero agradecimiento por el excelente trabajo que hace y por su apoyo a estas enseñanzas.

Agradezco a mi equipo de corrección de textos Barbara Becker, Linda LaTores, Toni Hollenbeck, y Rhoann Ponseti, por su incansable búsqueda de hasta el último de los errores.

Agradezco al diseñador de la portada Nathaniel Dasco, por el increíble diseño. Nunca deja de sorprenderme.

A mi traductor, Juan Manuel Gimenez Sirimarco, y a Paula Izquierdo Altarejos, encargada de revisar la traducción, les doy las gracias por su bonita traducción al español de mi libro y porque ha sido un placer trabajar con ellos.

Agradezco a mi esposa por su incansable apoyo a mis estudios sobre la consciencia.

Por último, les doy las gracias a los muchos seguidores que contribuyeron económicamente para ayudar a pagar la publicación de este libro. Por favor, sabed que no habría podido hacer esto sin vuestro apoyo.

A continuación, menciono los nombres de todas las personas que contribuyeron:

John Roscoe
Linda LaTores
Leila Atbi
Rhoann Ponseti
Vinod Shakyaver
Ziad Masri
Toni Hollenbeck
Aleksandra Ivanov
Matthew Jones
Jean Jacques Rousseau
Harvey Newman
Colleen Scott
Thomas Kennedy
Jason Wu
Brian Darby
Ana Cinto
Clive Johnston
Wanda Aasen
Ryan J Pitts
Barbara Becker
Mark Lyon

¡Desde lo más profundo de mi corazón, gracias a todos!

Prólogo

Mientras escribo estas palabras, miles de millones de personas están en auto aislamiento, sin poder salir de sus casas, y muchas de ellas sin poder trabajar. Millones de personas han contraído el coronavirus (COVID-19), y miles están muriendo de manera lamentable todos los días debido a la falta de pruebas, camas y ventiladores en los hospitales. El mercado de valores se está derrumbando y ya ha perdido casi la mitad de su valor en tan solo unas semanas, una caída mucho peor que la de la Gran Depresión de 1929 (durante la cual costó tres años que el mercado perdiera la mitad de su valor). El precio del petróleo crudo ha caído hasta la cifra de 20 dólares por barril, ocasionando que los productores de petróleo pidan a gritos un rescate financiero, ya que la mayoría de ellos no puede sobrevivir con esos precios tan bajos. ¿Volverán estas cosas a la normalidad? Nadie lo sabe, puesto que vivimos en tiempos de caos.

Durante años ha habido personas "previsoras" que se han preparado para enfrentar un colapso total del sistema moderno. Hace tan solo algunos meses casi nadie los tomaba en serio; ahora, las personas comunes y corrientes están acaparando agua, alimentos, municiones y papel higiénico. Incluso en ciudades de los Estados Unidos en las que la mayoría de los ciudadanos se identifican como liberales, tales como Nueva York o California, la venta de municiones está rebasando por mucho la capacidad de las tiendas de mantener existencias en sus anaqueles.

Muchos tenemos miedo. Nunca hemos estado en una situación como en la que nos encontramos ahora mismo, pero el hecho es que, queramos creerlo o no, estamos en esta situación y no sabemos lo que vendrá después. El tiempo, que antes era un bien común escaso, parece abundar ahora para la mayoría de nosotros durante nuestro aislamiento social en casa. Una vez que reconozcamos nuestra condición, podremos iniciar una acción positiva hacia una mejor salud, una mayor fuerza interior y una mayor consciencia del tiempo que tenemos a nuestra disposición.

No solo tenemos abundancia de tiempo, sino que también tenemos un miedo latente de que nuestro sistema nunca se recupere y que la vida tal y como la conocemos no vuelva nunca. No estamos seguros de cómo será nuestro futuro.

La esperanza de muchos es que todo regrese a la normalidad en algunos meses. Entiendo cuán seductora puede ser esta idea, pero podría no ser tan útil como parece a primera vista, puesto que puede hacer que nos durmamos en nuestros laureles y que nos mantengamos repitiendo patrones viejos e inútiles. En lugar de eso, podemos emplear estos momentos para darnos cuenta de que hemos llevado una vida poco saludable, carente de inspiración y de sentido y desfavorable para nuestro bienestar a largo plazo, por nuestra propia decisión.

Aunque resulta agradable esperar lo mejor, es más sabio prepararse para lo peor. Tal vez no tengamos dinero para acaparar comida, comprar un arma o un refugio antinuclear, o cualquier otra de las cosas que muchas personas están haciendo ahora mismo. No obstante, tenemos otra forma de prepararnos. Podemos invertir en aquello que la mayoría de las personas, incluyendo los que "siempre están preparados", por lo general pasan por alto: un buen estado mental, físico y espiritual. Desde luego, siempre que tengas garantizado el acceso a refugio, agua y alimento, podrías considerar este aspecto.

La verdad es que, aunque hayas preparado un refugio, agua y comida, si no has acondicionado tu cuerpo, mente y espíritu para poder desenvolverte bajo presión, entonces no actuarás o vivirás tan bien como podrías. Imagina una persona perdida en el bosque. La mayoría de las personas que mueren en esas circunstancias, mueren porque entran en pánico y comienzan a caminar antes de tranquilizarse. Caminan durante horas, posiblemente siguiendo las huellas de alguien más, pero en última instancia terminan agotándose. Muchas veces mueren solos y asustados. Lo triste es que a menudo las huellas que siguen son las de ellos mismos, dejadas atrás mientras caminan en círculos sin rumbo, una y otra vez, sin darse cuenta de que han estado caminando hacia el punto de inicio durante kilómetros.

Si no estuvieran tan ofuscados física y psicológicamente, podrían haber prestado más atención a su entorno y haber tomado decisiones más inteligentes que les habrían ayudado a salvar la vida. Puesto que estamos tan absortos en el mundo moderno, a menudo no somos capaces de reconocer que el estado de nuestro cuerpo, mente y espíritu es esencial para cualquier cosa que hayamos experimentado y para todo lo que experimentaremos en el futuro. La salud de esta tercia de elementos no solo determina la calidad central de nuestra vida, sino que también determina el grado en el cual somos capaces de actuar bajo presión antes de quedar sobrepasados.

Este libro tiene la intención de ayudarte a poner en forma tu mente, tu cuerpo y tu espíritu a través de métodos antiguos de entrenamiento de los samuráis y otras tradiciones del pasado distante. A través de la práctica de estos métodos, que han pasado la prueba del tiempo, no solo mejorará tu salud física, sino también tu claridad mental y tu estabilidad emocional.

Practicando con dedicación los métodos que se muestran aquí, te darás cuenta de que eres capaz de acceder a recursos de tranquilidad, claridad y capacidad bajo presión extrema, que no te habías dado cuenta que tenías disponibles. Tu vida comenzará a sentirse más interconectada con tu entorno y con las personas que te rodean, lo cual te dará un cierto sentido de motivación. La calidad de tu vida diaria mejorará.

Este libro no tiene la intención de ser una guía de supervivencia, pero muchos de sus principios podrían ayudar a salvar vidas en tiempos difíciles, ya que servirá para instruirte en algunos principios de supervivencia muy básicos y para preparar tu cuerpo, tu mente y tu espíritu para las condiciones difíciles.

A través de estas prácticas, tus capacidades y tu consciencia mejorarán en todos los niveles. La tendencia a experimentar ansiedad, pánico, negación, depresión y sentimientos de desesperanza se reducirá drásticamente y te sentirás con mucha más confianza y fuerza como ser humano, más capaz de aceptar los desafíos a los que nos enfrentamos en un mundo en constante cambio.

Consciencia Inquebrantable

Introducción

Los métodos impartidos en este libro nacen de prácticas antiguas que a menudo ahora se asocian con rituales religiosos. Sin embargo, en la ritualización de estas prácticas es muy frecuente ver cómo se pierde algo vital: el sentido práctico.

Para entender las verdaderas aplicaciones de estas prácticas antiguas, he retirado los elementos rituales para que puedas centrarte en los principios esenciales. Para ayudarte a mantenerte dedicado a tu entrenamiento, también he incluido una poderosa herramienta de evaluación del progreso que te dará retroalimentación muy útil sobre tu ritmo de mejora. Las prácticas y el sistema de retroalimentación son muy accesibles para personas de cualquier formación o nivel de experiencia en meditación, desde la comodidad de sus casas.

Pero, ¿por qué confiar en mí? ¿Qué me cualifica para escribir este libro? He dedicado mi vida al entrenamiento samurái, la meditación y las artes terapéuticas japonesas, con el propósito específico de unificar cuerpo, mente y espíritu. En mi búsqueda, he pasado 15 años en Japón estudiando con algunos de los maestros más avanzados del país, recibiendo finalmente licencias de maestro en cuatro artes samurái, así como en un arte terapéutico llamado sotai-ho.

Basándome en los principios de las prácticas antiguas que he estudiado, he formulado un nuevo método de entrenamiento de la consciencia al que llamo "Método de Incorporación Total de la Meditación (MITM)" El MITM está inspirado en el maestro samurái que estaba absolutamente tranquilo y consciente, incluso en medio del caos de un combate en el campo de batalla.

A partir del programa de estudio del MITM, escribí el libro *La Meditación del Guerrero (The Warrior's Meditation)*, el cual llegó a ser uno de los libros de meditación más vendidos. *La Meditación del Guerrero* es aclamado como un método revolucionario, ya que te permite meditar mientras realizas cualquier actividad de tu vida cotidiana, no solo en condiciones sedentarias y en un espacio resguardado.

Lo esencial es que el Método de Incorporación Total de la Meditación tiene el objetivo de ayudarte a mantenerte firme ante las presiones de la vida y las situaciones de muerte, así como ante el estrés y la tensión de la vida diaria. Por otra parte, las prácticas que se enseñan también te ayudarán a permanecer tranquilo y lúcido durante largos periodos de aislamiento como los que muchas personas están experimentando ahora mismo.

A través del entrenamiento del MITM mejorará tu aptitud física, mental y emocional, permitiéndote lidiar con todos los aspectos de la vida de una manera mucho más efectiva de lo que lo harías de otra manera. Igualmente, es importante destacar que estos métodos también te ayudarán a sentirte mucho más cómodo con las cosas que no tienes el poder de cambiar.

Cada herramienta que empleemos, incluyendo el sistema de evaluación del progreso, servirá para mejorar tu salud física, mental y emocional. A medida que utilicemos cada una de estas antiguas prácticas durante la meditación, usaremos algunos de los elementos de La Meditación del Guerrero, que es la herramienta fundamental del Método de Incorporación Total de la Meditación, para ayudarte a aprovechar tus experiencias al máximo. No te preocupes, la Meditación del Guerrero es muy amena, así que ten por seguro que no te aburrirás. Incluso a los niños les parece fácil y divertida.

Si ya has practicado la Meditación del Guerrero, te garantizo que vas a recibir una perspectiva refrescante que te ayudará a expandir el entendimiento y la capacidad de meditación que actualmente posees.

La publicación *Psychology Today*, detalla muchos beneficios científicamente comprobados de la meditación, beneficios que seguramente también obtendrás al realizar los ejercicios de este libro:

- Mejora de la función inmune, que da como resultado una menor inflamación celular y reducción del dolor

- Aumento de las emociones positivas a través de la reducción de la ansiedad, la depresión y el estrés
- Aumento de la capacidad de introspección, al proporcionar una perspectiva de vida más holística y fundamentada
- Mejora de la vida social, por un incremento de la inteligencia emocional y la compasión con una reducción de los sentimientos de inseguridad
- Incremento de la materia cerebral en áreas relacionadas con la atención, las emociones positivas, la regulación de las emociones y el autocontrol
- Reducción de la reactividad emocional
- Mejora de la memoria, la creatividad y el pensamiento abstracto

Para obtener estos increíbles beneficios se requiere algo de tiempo. Algunos resultan aparentes rápidamente; otros tardan más en manifestarse. Para ayudarte a mantenerte en el camino correcto, con este libro te proporciono una herramienta de evaluación del progreso para ayudarte a cumplir y reflexionar sobre tu desarrollo a medida que practiques. Si ya realizas otra forma de meditación, los principios mostrados aquí se integrarán bien a la disciplina que practiques.

Si practicas alguno de los ejercicios de carácter religioso, las versiones simplificadas que encontrarás en este libro están diseñadas para ilustrar sobre los orígenes y la forma de pensar de aquellos que practicaron originalmente los ejercicios, lo cual también te ayudará a sacar el mayor provecho de tu práctica religiosa.

No solo practicarás la consciencia meditativa, sino que también te irás sintiendo incómodo poco a poco, de manera intencional durante tu práctica, para que tu ejercicio de consciencia no fracase cuando tú y tus seres queridos os encontréis en condiciones de estrés, sintáis dolor o estéis en situaciones de emergencia.

Aunque algunos de los ejercicios podrían parecer extremos a primera vista, ten por seguro que siguen siendo una parte normal y natural de la vida diaria para los cazadores-recolectores alrededor del mundo. Es más, en algunas partes del mundo todavía son comunes las formas religiosas o ritualizadas de estos métodos.

Reconozcamos que nuestros cuerpos evolucionaron con estas prácticas, que, si se realizan de manera razonable, ayudan al cuerpo a estar completamente consciente y saludable. Ser consciente de los beneficios naturales de los ejercicios que aquí se enseñan nos ayuda a tener la actitud correcta hacia ellos para que no comencemos a alimentar narrativas de resistencia que puedan impedir que saquemos el máximo provecho.

Al fortalecer nuestro cuerpo, mente y sistema inmune desarrollamos una relación de confianza con el cuerpo que solo surge cuando experimentamos desafíos reales. Similar a la forma en que nos hacemos más fuertes a través de la tensión artificialmente inducida al levantar pesas, experimentamos deliberadamente la incomodidad de estos ejercicios para cosechar los beneficios.

Pero no confundas lo que te digo, la comodidad es buena en ciertos momentos y durante un tiempo determinado, pero demasiada comodidad nos vuelve débiles en todos los niveles. Así como necesitamos un grado de comodidad adecuado para dormir o digerir bien, por ejemplo, también nuestro cuerpo, mente y espíritu necesitan una cantidad óptima de incomodidad para ponerse en forma.

Los ejercicios son sencillos y seguros si se practican de manera razonable. También te proporciono métodos que te ayudarán a abordar las prácticas a través de un proceso progresivo, de manera que no te parecerán pesadas ni desagradables. Las prácticas son sencillas y pueden realizarse desde tu casa. Además, están diseñadas para integrarse en tu vida cotidiana.

Todos sabemos lo fácil que es inventar excusas para evitar hacer cosas saludables que deberíamos hacer. Sé que mi mente, si se lo permito, tratará de evitar el entrenamiento inventando pretextos o simplemente dejándolo en el olvido. Para anular esa posibilidad, diseñé todas las prácticas como modificaciones leves de cosas que las personas normales deben hacer todos los días. Puesto que necesitas realizar estas tareas de cualquier manera, se hace difícil no incorporar el entrenamiento sin darte cuenta continuamente.

Inicialmente, es bastante natural que uno desee evitar los ejercicios desafiantes, pero a medida que los practiques cada vez más, los beneficios inmediatos y a largo plazo se hacen más evidentes. En el corto plazo, te llamará la atención lo bien que te sentirás justo después de completar un ejercicio. A partir de esto, observarás que tienes más energía, que piensas con mayor claridad, que estás más tranquilo y que tienes la capacidad de realizar más cosas durante tu día que cuando te saltas las prácticas.

Los beneficios harán que avances a pesar de cualquier incomodidad momentánea, y al hacerlo, te darás cuenta de que eres capaz de afrontar las adversidades y salir de ellas, lo cual libera tu mente y te confiere una gran confianza para tu vida cotidiana.

A través de estas prácticas del **MITM**, establecerás una relación saludable y de confianza entre cuerpo y mente. Una vez que se haya establecido la suficiente confianza interior, verás que tu cuerpo se convierte en tu aliado y que ya no se resiste a tus sabios, aunque a veces desafiantes, objetivos.

Introducción

A través de estas prácticas, llegarás a sentirte mucho más consciente, positivo y con confianza durante tu vida cotidiana, obteniendo resultados increíblemente importantes. Sin embargo, existen algunos efectos secundarios inesperados que debo mencionar:

Puede que experimentes momentos de absoluta claridad o que se te ocurran ideas y soluciones espontáneas a problemas que parecían no tener solución.

También podrías encontrarte con que los pesares y traumas mentales/emocionales sin resolver que cargas desde hace mucho tiempo, comienzan a desvanecerse.

Es muy probable que te sientas mucho más presente durante tu vida diaria, posiblemente estando plenamente consciente de la manera en que tu pulso recorre todo tu cuerpo.

También te harás más consciente de tu entorno. Por ejemplo, algunas personas indican que pueden sentir cuando alguien se les queda mirando desde atrás o cuando se aproximan a un peligro oculto a la vista.

A medida que tu sistema nervioso y tu mente se fortalezcan considerablemente, es probable que experimentes mayores niveles de intimidad y placer sexual, y también podrías experimentar periodos de profunda sincronía, como si vivieras en "la zona exacta".

Algunas personas experimentan estados de iluminación como resultado de estas prácticas. Y muchas personas indican haber experimentado una sensación de unión trascendente con toda la vida, lo cual probablemente explica por qué las variaciones de estas prácticas han sido incorporadas a tantas religiones alrededor del mundo.

A medida que comiences tu práctica, seguramente vas a maldecir mi nombre, pero estoy seguro de que una vez que empieces a ver los beneficios solo tendrás cosas buenas que decir. ¡En cualquier caso, sigue avanzando!

Finalmente, para las personas que tengan ciertos problemas de salud, proporciono prácticas alternativas que permiten trabajar hacia una mejor salud mediante pasos más sencillos. Aquellos con dolencias graves del corazón deben consultar a su médico antes de experimentar este método de entrenamiento.

¡Comencemos nuestra práctica!

Cómo Usar Este Libro

Este libro está diseñado como un manual de entrenamiento, lo que significa que obtendrás una comprensión bastante diferente de los métodos y maneras de pensar ofrecidos aquí al llevar a cabo las prácticas, que la que obtendrías con tan solo leerlas. Sin el entrenamiento diario que promueve este libro, sospecho que el texto no será muy satisfactorio, ya que la inspiración y el valor transformador no provienen de la lectura tanto como de la práctica.

Una estrategia es leer el libro de corrido para darte una idea general del método de entrenamiento y luego volverlo a leer a medida que realizas el entrenamiento. La otra estrategia es leer y practicar sobre la marcha. En cualquier caso, documentar tu progreso en el cuaderno de ejercicios ayudará muchísimo a tu entrenamiento. Completar el cuaderno de ejercicios a medida que avanzas no solo te ayudará a fijarte más en los puntos clave de este método de entrenamiento, sino también a percibir con mayor claridad las fuerzas invisibles que podrían estar bloqueando tu consciencia. Puedes leer el Cuaderno de Trabajo Paso a Paso que se encuentra al final del libro. Si prefieres descargarlo e imprimirlo, puedes hacerlo en la siguiente URL:

https://richardlhaight.com/uaworkbook

Cómo Usar Este Libro

Con la práctica diaria, pronto comenzarás a notar cambios positivos profundos en tu energía, tu actitud, tu forma de pensar, tus sentimientos, tu compromiso, y tu capacidad de dar seguimiento a tus objetivos cada día. No te sorprendas si tu salud general comienza a mejorar. Algo más importante aún, tu consciencia se expandirá ampliamente.

Por último, recuerda que los métodos de entrenamiento que aquí te presento están pensados para experimentarse de acuerdo al ritmo de cada persona. No tiene ningún sentido apresurarse con el entrenamiento para terminar lo más pronto posible. En su lugar, avanza a un ritmo que sea desafiante pero no totalmente insostenible. Habiendo dicho eso, la persistencia es la clave para cualquier transformación de vida, así que asegúrate de comprometerte y realizar el entrenamiento todos los días sin falta.

Estaré contigo en el entrenamiento,
Richard L. Haight

P.D. Con este libro te estoy ofreciendo una prueba de 30 días de mi servicio diario de meditación guiada en línea, lo que significa que yo personalmente te conduciré por los pasos de La Meditación del Guerrero todos los días. Encontrarás el enlace al final del libro (servicio actualmente disponible en inglés). ¡Miles de personas ya lo están haciendo todos los días!

Parte 1

Reestructuración de la Mente y el Cuerpo

El entrenamiento del MITM está diseñado para involucrar nuestro cuerpo y mente de formas altamente integradas, que, con la práctica, te permitirán incorporar completamente el dominio de la consciencia o la meditación a tu vida cotidiana. Las personas por lo general piensan en la meditación y el dominio de la consciencia como un ejercicio estrictamente mental. Mientras mantengamos esa idea de la meditación, los beneficios que podemos obtener de la práctica son altamente limitados.

La verdad es que la mayoría de nosotros tenemos malos hábitos físicos, mentales y emocionales muy arraigados que se encuentran en un nivel más profundo que el simple pensamiento. Para hacer frente a estos problemas más profundos se necesita entrenar el cuerpo y la mente con un cierto grado de comportamiento disciplinado y estudio de uno mismo.

A través del entrenamiento del MITM, abordaremos las tres áreas que impiden nuestro progreso: la física, la mental y la emocional. Para abordar estas áreas con éxito, será útil para ti entender qué sistemas del cuerpo cambiarán a través del entrenamiento y cómo esos cambios afectan el cuerpo, la mente y las emociones.

El estudio de la reestructuración de la mente y el cuerpo será integral para mantenerte en el camino, ya que reconocerás rápidamente los signos del progreso, aunque parezcan contra intuitivos. Si puedes ver las señales a medida que surgen, aun cuando estés incómodo, te sentirás motivado para continuar con el entrenamiento. Cualquier progreso duradero requiere de una práctica persistente. Conocer la manera en que el cuerpo y la mente se reestructuran a través de este entrenamiento resultará fundamental.

En la Parte I, aprenderás cómo tu cerebro estructura rutas en su proceso de aprendizaje y adaptación al momento y cómo puedes reestructurar intencionalmente esas rutas neurales para optimizar la consciencia en tu vida cotidiana. También aprenderás acerca de los cambios corporales que ocurren a nivel de los sistemas nervioso, celular y vascular a medida que realizas progresos mediante el régimen de entrenamiento. Esos cambios te darán más energía y una mayor capacidad de adaptación a la presión, de forma que puedas tener plena consciencia aun cuando estés ante situaciones que te hagan sentir incómodo.

Capítulo 1

Plasticidad neuronal

La mayoría de las personas asumen, de manera inconsciente, que la manera en que piensan y sienten ahora es la manera en que siempre pensarán y sentirán y que los hábitos y adicciones que nos pueden destruir estarán con nosotros durante el resto de nuestra vida. A medida que las personas envejecen, tienden a renunciar a su capacidad de aprender y cambiar, una actitud que sintetiza bien la idea de que las personas se quedan "ancladas en sus hábitos".

De hecho, nadie se encuentra 'anclado' en sus hábitos, pero esa actitud puede crear la ilusión de estar atrapado. Hasta hace muy poco, la comunidad científica asumía que el cerebro no cambiaba mucho una vez que un individuo alcanzaba la madurez. No obstante, con el paso de los años, se observó que muchas personas con daño cerebral se recuperaban de maneras que parecían no tener sentido si el cerebro no era capaz de adaptarse. Investigaciones realizadas en estos sujetos revelaron que el cerebro se reconstruye constantemente, desmantelando rutas neurales no utilizadas y construyendo nuevas rutas para ayudar a la persona adaptarse a su entorno cambiante durante toda su vida.

Con la observación innegable de que el cerebro cambia constantemente, la actitud de estar "anclado" ya no tiene mucho sentido. Sí, muchas personas en verdad parecen estar ancladas en sus hábitos, pero parte de la razón por la cual están atrapadas es la falsa suposición de que estar anclado es natural o inevitable porque el cerebro no puede cambiar. Si crees que estás atascado y que no se puede hacer nada al respecto y, por tanto, no haces el suficiente esfuerzo para liberarte de esos hábitos, tu suposición terminará cumpliéndose solo por el hecho de haberla creído en un inicio, aunque siga siendo incorrecta.

Para ayudarte a ver más allá de los límites que representa estar "anclado", echemos un vistazo a la red neural conocida como el cerebro para lograr una mejor comprensión de su increíble flexibilidad, la plasticidad neuronal, y entender cómo podemos comenzar a tomar control de este proceso biológico para mejorar nuestra calidad de vida.

Investigadores de la Facultad de Medicina de la Universidad de Stanford, utilizando un moderno sistema de generación de imágenes para escanear el tejido cerebral, han revelado que el cerebro humano contiene, en promedio, cerca de 200 mil millones de células nerviosas llamadas neuronas. Las neuronas se conectan con otras neuronas mediante puntos de conexión llamados sinapsis. Estos puntos transmiten impulsos eléctricos de una neurona a otra.

Podríamos imaginar que cada neurona se conecta solo a una o unas cuantas neuronas más, algo parecido a las conexiones en una placa de circuito electrónico, pero la realidad es muy diferente. Resulta que una sola neurona puede tener decenas de miles de contactos sinápticos con otras neuronas.

Considerando la increíble interconectividad de las neuronas, podríamos asumir que cada neurona es bastante grande, pero estaríamos equivocados. Aun con la vasta interconectividad que tienen las neuronas, individualmente miden menos de una milésima de milímetro de diámetro.

Si alguna vez le has dado la vuelta a un trozo de madera o corteza en el bosque habrás notado una masa de tejido blanco que crece en los puntos de conexión previos entre la madera y la tierra. Ese material blanco se llama micelio y es el sistema de raíces de los hongos. Sorprendentemente, la matriz neurológica de nuestro cerebro funciona de manera similar al micelio de los hongos, el cual también transmite señales a través de componentes que son increíblemente pequeños, como en las sinapsis. La matriz es tan compleja y está tan estrechamente entretejida que es bastante difícil conceptualizar la complejidad de los 'circuitos' que componen los sistemas que generan nuestras emociones, nuestros pensamientos y nuestra motivación.

Asombrosamente, una sola neurona, aun con la increíblemente diminuta dimensión que ocupa en el espacio físico, contiene amplias capacidades de memoria y procesamiento. El Dr. Stephen Smith es profesor de fisiología molecular y celular y, junto con la Dra. Kristina Micheva, inventó la tomografía de matrices, un método de generación de imágenes que nos permite ver la verdadera complejidad del cerebro. Según con Smith, "Una sinapsis, por sí misma, se parece más a un microprocesador (el cual tiene elementos tanto de almacenamiento de memoria como de procesamiento de información) que a un simple interruptor de encendido/apagado. De hecho, una sinapsis puede contener alrededor de 1000 interruptores de tamaño molecular. Ahora imagina que tu cerebro tiene 200 mil millones de este tipo de procesadores trabajando juntos" ("*Stunning Details of Brain Connections Revealed*").

Echando un vistazo más de cerca a la memoria contenida en las neuronas, descubrimos que cada neurona recibe la influencia de todas las neuronas conectadas a ella y sus relaciones de memoria. Cada neurona se conecta potencialmente a decenas de miles de enlaces, lo cual significa que el cerebro contiene un océano de memoria, la cual es, en gran parte, inconsciente.

El aspecto verdaderamente fascinante de esta inmensa tarjeta de memoria es que cuando el cerebro cambia, las memorias y las conexiones cambian con él. Este concepto podría parecer en principio, extremadamente contrario a la intuición, hasta que aprendes que cada vez que acedes a una memoria, la cambias. Resulta que, a medida que accedes a la memoria, aspectos de tus circunstancias actuales se escriben en la memoria, influyendo en ella de manera inconsciente. Debido a la forma en que la memoria se reescribe, muchos adultos tienen falsas memorias de su niñez basadas en historias que les contaron miembros de su familia. Un niño puede recordar haber tenido una experiencia que nunca ocurrió debido a que escuchó esa historia cuando era más joven. La falsa memoria, aunque parezca tan vívida, es producto de la imaginación.

Dada la naturaleza cambiante del cerebro y la memoria, podemos comenzar a entender cómo es posible que nuestro propio 'sentido de uno mismo' pueda cambiar de manera tanto negativa como positivo. Puesto que el 'sentido de uno mismo' de la mayoría de las personas está impulsado por la memoria, a medida que el cerebro cambia, lo cual hace en todo momento, la memoria cambia sutilmente, al igual que el 'sentido de uno mismo'. Aunque no seamos conscientes del cambio, este ocurre.

Una vez que reconozcamos que el cerebro cambia constantemente, ya no tendremos la necesidad de ser rehenes de la creencia de que estamos 'anclados' en nuestros hábitos, a menos que deseemos continuar atascados. Para enriquecer nuestras vidas, debemos ser sabios y aprovechar de manera consciente la capacidad del cerebro para remodelarse a sí mismo constantemente a través del mecanismo conocido como plasticidad neuronal.

Ahora sabemos que cualquier cosa a la que prestemos atención o practiquemos durante nuestras horas de vigilia se refuerza en el cerebro mientras dormimos. Durante el sueño, se eliminan recursos de rutas que no se usan y se asignan a rutas que se han estimulado durante el día. Al darnos cuenta de cómo cambia el cerebro, podemos comenzar a estimular conscientemente lo que deseamos reforzar en él.

Si no estás ejercitando la consciencia de maneras productivas todos los días y si no duermes suficiente, tu proceso de enriquecimiento de tu vida se enlentecerá. Si entrenas la consciencia y duermes razonablemente bien, tendrás un progreso notable. Incluso unos pocos minutos de meditación consciente todos los días ayudan. Desde mi propia experiencia y a través de comentarios de mis estudiantes, resulta claro que incluso con un sueño agitado, los cambios positivos son accesibles, aunque simplemente se alcanzan a un ritmo más lento.

El grado en el cual te comprometes con tu práctica de meditación determina el grado en el que responde el cerebro. Si tomas en serio tu entrenamiento y lo conviertes en una prioridad en tu vida, es muy probable que coseches beneficios importantes incluso a corto plazo. Con esto en mente, la transformación real se produce a largo plazo.

La realidad que debemos enfrentar es que el cerebro está habituado a reaccionar a un estímulo de determinadas formas discordantes, formas que son contrarias a la consciencia y que crean el efecto de ensimismamiento. Al ser conscientes de que tenemos hábitos relacionados con la perspectiva y las emociones que resultan contraproducentes, podemos comenzar a hacer cambios mediante el principio de la plasticidad neuronal. La cuestión aquí es si eliges sacar provecho de la oportunidad para reescribir tu cerebro cada día.

De nuevo, si eres una persona mayor podría preocuparte tener menos capacidad de beneficiarte de la plasticidad neuronal que la que tienen los niños, pero no permitas que esa preocupación te impida tomar una acción positiva. Las investigaciones demuestran que, con un estilo de vida saludable y persistencia a lo largo del tiempo, incluso las personas mayores pueden inducir un cambio cerebral productivo. Simplemente continúa avanzando cada día hacia una mayor consciencia y estarás mucho mejor de lo que estarías si cayeras en la autocomplacencia.

Una de las principales barreras que puedes encontrarte a medida que desafías los patrones cerebrales existentes con nuevas perspectivas y prácticas es que podrían surgir sensaciones incómodas. Es evidente que sentirse incómodo es desagradable, así que es comprensible que queramos evitar una experiencia así. Sin embargo, evitar la incomodidad a menudo nos aleja del progreso, ya que la incomodidad es una parte necesaria del aprendizaje.

Para darte una idea de lo que quiero decir, considera la diferencia en tu capacidad de escribir o lanzar un balón con tu brazo dominante, en comparación con tu otro brazo. La mayoría de nosotros estamos tan acostumbrados a lanzar el balón o escribir con el mismo brazo que nunca usamos nuestro brazo menos hábil para dichas actividades, lo que ocasiona una completa ineptitud de la extremidad secundaria y, algunas veces, un desequilibrio muscular observable entre los dos lados del cuerpo. Nos hemos hecho adictos a la sensación de confianza que experimentamos cuando usamos nuestro brazo principal.

En realidad, no solo nuestro brazo secundario está subdesarrollado y atrofiado, sino que las rutas neurales del cerebro que pertenecen a la función de ese brazo también lo están. Tu cerebro no está acostumbrado a escribir o lanzar un balón usando el brazo secundario, ya que carece de la estimulación que le permitiría familiarizarse con un conjunto de rutas neurales relacionadas con dichas actividades.

De la misma forma que lanzar un balón o escribir con tu mano no dominante puede resultar incómodo, muchas otras importantes rutas neurales que se relacionan con la consciencia y la relación entre el cuerpo y la mente podrían estar subdesarrolladas. A través del entrenamiento que ofrece este libro, abordaremos esas áreas incómodas para que pueda surgir una nueva consciencia y equilibrio y una relación cuerpo-mente más saludable y estrecha.

El famoso maestro japonés de artes marciales, Takeda Sokaku, director de Daito-ryu Aikijujutsu (la forma de jujutsu que yo estudio y enseño), era capaz de usar su sable igualmente bien con ambas manos, algo para lo que él mismo se entrenó. Tradicionalmente hablando, uno debe desenvainar y sostener el sable con la mano dominante. El Sensei Takeda sentía que tener una capacidad desequilibrada era una debilidad, por lo que hizo un esfuerzo adicional para equilibrar su entrenamiento. Él tenía una ventaja marcada sobre cualquiera que hubiese sido entrenado para depender de su mano dominante.

Como resultado de su entrenamiento, su manejo del sable se tornó extremadamente flexible, al igual que su mente y su consciencia. Podía usar el sable corto igual de bien que el sable largo y dos sables tan bien como uno solo. Muchos de sus estudiantes contaban cómo siempre se entrenaba para hacer todo con su mano no dominante, intentando igualar la capacidad de su mano más hábil. Te sería muy útil adoptar un método similar para tu entrenamiento, para que desafíes constantemente tus debilidades de manera creativa.

Aunque el Sensei Takeda ciertamente no conocía la plasticidad neuronal, desarrolló capacidades increíbles y fue reconocido como uno de los mejores artistas marciales del Japón. Después de escuchar sobre sus métodos de entrenamiento, comencé a usar mi mano no dominante más a menudo en tareas que anteriormente solo realizaba con mi mano derecha. Por ejemplo, comencé a usar palillos chinos con la mano izquierda en vez de con la derecha. Me costó algunas semanas entrenar a mi cerebro para usar palillos chinos con la mano izquierda, pero de pronto, personas japonesas me felicitaban por lo bien que manejaba ya los palillos. Se sorprendían muchísimo cuando les decía que no era zurdo y por lo general reconocían que no podrían usar los palillos con su mano menos hábil. Por pura diversión, tomaba otro par de palillos con la mano derecha y comía con ambas manos como un cangrejo.

Para darte una idea de cómo tu patrón cerebral permite que tengan lugar tus funciones corporales, intenta el siguiente ejercicio:

Toma un bolígrafo y escribe tu nombre con tu mano hábil y observa lo fácil y natural que parece. Ahora, cambia el bolígrafo a tu otra mano e intenta escribir tu nombre. Observa lo extraño que te sientes. Fíjate también en cuánto debes concentrarte en comparación con cuando usas tu mano más hábil. El esfuerzo que sientes no se ubica precisamente en los músculos de tu brazo, sino en tu cerebro, que busca realizar las conexiones neurológicas que te permitan realizar el movimiento. Una vez que se desarrollan lo suficiente esas conexiones, escribir con tu mano menos hábil ya no resulta tan incómodo.

Escribir es un desafío relativamente difícil para nuestra mano menos hábil, así que sirve como una manera obvia de demostrar las limitaciones actuales de tu cerebro y lo que siente cuando vincula nuevas rutas neurales. A medida que avancemos en los ejercicios de este libro, ten en mente que cuando tu cerebro construye rutas neurales surge una sensación extraña e incómoda. Esto significa que, cuando cualquier ejercicio te resulte fácil y cómodo, para poder mejorar, necesitas que sea un poco más desafiante, con el objetivo de estimular más tu desarrollo neurológico.

Pueden surgir beneficios poderosos cuando visualizamos el entrenamiento de esta manera neurológicamente consciente. En primer lugar, nuestro entrenamiento estará menos motivado por el ego, ya que sabremos, sin lugar a dudas, que trabajar solamente en lo que nos hace ver bien o sentir cómodos no nos desafía lo suficiente. A medida que desarrollamos capacidades y las refinamos a través de las sensaciones extrañas e incómodas que vienen con el aprendizaje de cualquier cosa que resulte desafiante, el cerebro también aprenderá que vale la pena el esfuerzo y la incomodidad necesarios para mejorar.

Resulta aún más importante destacar el hecho de que el cerebro aprenderá que puede hacer frente a las dificultades y vencerlas para mejorar, lo cual cambia totalmente tu perspectiva de la vida. Cualquier cosa que te traiga la vida se convertirá en un medio para mejorar a muchos niveles: físico, mental, emocional y espiritual. ¡Cada momento es una oportunidad!

Capítulo 2

Estimulación del Nervio Vago

Ahora que comprendemos cómo cambia el cerebro y cómo podemos guiar conscientemente estos cambios para nuestra propia mejora, es momento de comenzar a entender la manera en que cambiará el sistema nervioso y el cuerpo como resultado de los ejercicios del entrenamiento del MITM que exploraremos en los capítulos siguientes.

El primer y más obvio cambio provendrá de la estimulación del nervio vago, el cual es uno de los doce nervios craneales. El nervio vago controla un amplio espectro de funciones vitales enviando impulsos motores y sensoriales a los órganos. El nervio vago conecta el tallo cerebral con los órganos viscerales, controlando el sistema nervioso parasimpático, y ayuda a contrarrestar las respuestas adrenales de lucha-huida-parálisis del sistema nervioso simpático tales como el estrés, la ansiedad, la depresión y el pánico.

Estas respuestas simpáticas causan gran parte del dolor mental, emocional y físico que muchos de nosotros experimentamos todos los días. Además de predisponer la mente y las emociones a la hiperreactividad y a la inflamación corporal, las respuestas de lucha-huida-parálisis también causan muchos de los errores garrafales que por lo general cometemos cuando nos encontramos bajo presión.

Afortunadamente, tenemos muchas formas de estimular el nervio vago con el objetivo de liberarnos del estresante modo de lucha-huida y entrar en el modo reposo-digestión del sistema nervioso parasimpático. Reposo-digestión es el modo en que nuestro cuerpo estaría el 90 % del tiempo si viviéramos como cazadores-recolectores, que es la manera en que nuestro cuerpo evolucionó para vivir

Para que puedas reconocer los momentos en que tu entrenamiento esté estimulando el nervio vago y modificando tu sistema nervioso, aprendamos un poco sobre la ciencia de la estimulación del nervio vago.

Las investigaciones han demostrado muchos beneficios de la estimulación del nervio vago, entre los cuales se encuentran:

- Previene la inflamación ayudando a regular una respuesta inmune adecuada
- Mejora la comunicación entre los intestinos y el cerebro para facilitar una intuición más precisa
- Mejora la memoria activando la liberación de norepinefrina hacia la amígdala, lo que consolida los recuerdos
- Mejora la regulación del ritmo cardiaco a través de impulsos eléctricos al tejido muscular en la aurícula derecha
- Inicia la respuesta de relajación del cuerpo a través de la liberación de acetilcolina, prolactina, vasopresina y oxitocina
- Reduce o previene los síntomas de la artritis reumatoide, el choque hemorrágico y otras enfermedades inflamatorias graves que antes se creían incurables.

Como puedes ver, la estimulación del nervio vago tiene un profundo impacto en el cuerpo y la mente, así que practicar varias formas de estimulación del nervio vago contribuirá considerablemente a lograr una mayor calidad de vida y convertirte en una persona con una mayor consciencia.

En los capítulos posteriores experimentaremos con varios métodos, todos los cuales son útiles para fortalecer el nervio vago y estimular los diversos beneficios científicamente probados que he mencionado anteriormente. Para darte una idea de lo poderosa puede ser la estimulación del nervio vago, intenta el siguiente ejercicio:

Nota: El método de respiración vaga (en referencia al nervio vago) enseñado aquí es una forma de la maniobra de Valsalva. El método crea una presión intraabdominal que puede conducir fácilmente a una reducción de la presión arterial, y consecuentemente, causar un desmayo. El peligro principal es una caída, pero personas con problemas cardiacos, personas que tienen riesgo de derrame cerebral, personas con implantes de lentes intraoculares o retinopatías como glaucoma deben consultar con un médico antes de realizar la maniobra de Valsalva. También ten en cuenta que mi referencia a la "respiración vaga" no debe asociarse con otras tradiciones que podrían usar el mismo término aplicado a una práctica ligeramente diferente.

1. Siéntate para estar en una posición segura en caso de que te desmayes.
2. Inhala profundamente y contén la respiración mientras tensas todo tu cuerpo. Asegúrate de generar tensión también en tu cara. Sostén la tensión junto con la respiración.
3. Aunque podría parecer que tus pulmones están llenos, no es así. Sin exhalar el aire que tienes en los pulmones, inhala una vez más para llenar por completo tus pulmones.
4. Mantén el aire y la tensión física todo el tiempo que puedas.
5. Cuando ya no puedas mantener la respiración, exhala lentamente y relaja tu cuerpo. Permite que tu cuerpo respire de forma natural.

Observa cómo te sientes más tranquilo y relajado después de hacer una sola respiración vaga. Si tomas tu presión arterial y tu ritmo cardiaco antes y después de este ejercicio de respiración, observarás un cambio notable. Con esa respiración profunda mantenida durante un corto periodo de tiempo, has estimulado el nervio vago, el cual se comunica con el resto del cuerpo, y lo lleva a un estado de relajación, pero también de plena consciencia.

Es muy conveniente que practiques la respiración vaga un poco cada día cuando tengas tiempo. La estimulación vaga es extremadamente poderosa y saludable. Debido a su efecto en la salud y la consciencia de todo el cuerpo, todas las prácticas del MITM incluyen un elemento de estimulación del nervio vago.

Los cambios en las sensaciones y en el pulso, así como muchos más que puede que no hayas notado, suceden cada vez que estimulas el nervio vago. Si puedes recordar estimular el nervio vago conscientemente todos los días, ya estarás mejorando la calidad fundamental de tu vida de manera evidente.

Aunque no menciono la respiración vaga cuando explico las otras actividades de este libro, puedes combinar el método que acabas de aprender con las otras actividades que vamos a explorar en los próximos capítulos como te plazca. Si lo haces, te sorprenderás de la rapidez con la que transforma tu vida.

Capítulo 3

Otros Cambios Corporales

Junto con los beneficios de la manipulación consciente de la plasticidad neuronal, el fortalecimiento del nervio vago y las mejoras consiguientes en la variación del ritmo cardiaco que produce la estimulación del nervio vago, nos hemos centrado en otros cambios de salud científicamente probados que suceden en el cuerpo como resultado del entrenamiento del MITM. En este capítulo vamos a aprender sobre dichos cambios y cómo servirán para mejorar nuestras vidas a nivel físico, mental y emocional.

Sistema Circulatorio

Varias de las prácticas que incorporamos a nuestro entrenamiento de meditación fortalecen el sistema circulatorio tonificando los músculos dentro de las paredes de los vasos sanguíneos: las arterias, arteriolas, venas y vénulas.

Esta tonificación les permite a los vasos sanguíneos ajustar su diámetro de manera óptima para mantener una presión sanguínea adecuada y un flujo de sangre uniforme incluso cuando el cuerpo se encuentra bajo una presión severa. Tonificar los músculos del sistema vascular les permite dilatarse mucho mejor para ajustarse a los cambios necesarios en el volumen de sangre, de acuerdo con las circunstancias del cuerpo.

El resultado de unos músculos circulatorios bien tonificados es un cuerpo mucho más capaz de manejar todo tipo de presión y mantener su fuerza y resistencia. La pregunta que quizá te estás haciendo ahora es, "¿Cómo afecta a mi consciencia la fortaleza muscular de mis vasos sanguíneos?"

Es una pregunta importante. Vuelve a pensar en los momentos de tu vida en los que te has sentido vulnerable, débil, exhausto u ofuscado. Durante esos momentos, tu estado emocional y tu mente seguramente se encontraban mal, lo que significa que no estabas en armonía con la consciencia. Cuando buscamos permanecer conscientes y en un estado meditativo aún bajo presión y situaciones de estrés que causarían que otras personas perdieran el control de su mente, se necesita tener un sistema circulatorio muy fuerte.

Esta lección no es nueva. De hecho, cuenta la leyenda que la razón por la cual los monjes comenzaron la práctica del Kung-Fu Shaolin es que se habían vuelto tan débiles por la meditación sedentaria que constantemente se quedaban dormidos. Se dice que Bodhidharma, el monje al que se atribuye haber introducido el budismo Chan a China, ideó métodos de entrenamiento para ayudar a los monjes a fortalecerse para que no se quedaran dormidos durante su práctica.

La leyenda dice que Bodhidharma les recomendó las artes marciales y el entrenamiento de la respiración como un medio para mejorar su práctica de meditación. Estas prácticas se combinaron con las artes marciales locales y dieron lugar a lo que ahora conocemos como Kung-Fu Shaolin.

Aunque el Kung-Fu Shaolin de la actualidad probablemente ha cambiado mucho de la manera en que lo practicaban entonces, su relevancia sigue siendo que el condicionamiento físico es importante para nuestra salud en todos los niveles. Si no te interesa el Kung-Fu, no te preocupes, no aprenderás técnicas de artes marciales en este libro. Tenemos otros medios para desarrollar el cuerpo. Pero, antes de entrar a ver esos métodos, aprendamos un poco sobre los tipos de cambios que nos beneficiarán.

Cambios Celulares

Las mitocondrias son orgánulos dentro de las células que tienen su propio código genético. Las mitocondrias no son células humanas, sino que aparentemente son los vestigios de una simbiosis biológica que ocurrió hace millones de años en organismos multicelulares, en la cual una bacteria entraba en las células y realizaba la labor beneficiosa de facilitar muchas tareas metabólicas para la célula, en particular, producir energía.

Y si la teoría de la simbiosis entre bacterias y organismos multicelulares resulta ser cierta, la relación parece haber funcionado tremendamente bien para todos los involucrados. En cualquier caso, esa bacteria se convirtió en una parte permanente de la vida animal, creando una alianza duradera, en la cual las mitocondrias cubren las necesidades energéticas de las células, liberándolas para centrarse en otras actividades vitales. Tu calor corporal y energía provienen principalmente del funcionamiento de esas pequeñas mitocondrias dentro de tus células. ¡Debemos estarles muy agradecidos!

Seas consciente de ello o no, las mitocondrias están trabajando. Podrías preguntarte por qué nos molestamos en aprender sobre ellas. Son importantes para los estudios que nos ocupan, ya que, a través de la aplicación de ciertos ejercicios, puedes incrementar la cantidad de mitocondrias en tus células, protegiendo y potencialmente aumentando la energía vital de tu cuerpo. Algunos estudios han demostrado que, en promedio, la función y cantidad mitocondrial disminuyen a medida que el cuerpo envejece. Una persona de 40 años cuenta tan solo con una fracción de la producción de energía celular con la que contaba cuando nació.

Cuando las mitocondrias de las células se hacen débiles y/o ya no hay una cantidad suficiente de ellas para dar soporte a las funciones celulares, el cuerpo responde de una manera menos eficiente ante el estrés y sufre más por las presiones de la vida. A nivel mental y emocional, si nuestro cuerpo está débil, tendremos menos agudeza mental, experimentaremos más ansiedad, más depresión y más emociones negativas de lo que ocurriría si nuestro cuerpo estuviera fuerte (Pizzorno). Protege tus mitocondrias, ya que las mitocondrias saludables y abundantes tienen un impacto positivo en tu salud global (Bratic y Larsson).

Todavía hay muchas preguntas que siguen sin respuesta sobre las mitocondrias y la manera en que estas se relacionan con el envejecimiento y la salud. Sin embargo, lo que hemos observado es que el estado de las mitocondrias tiene una fuerte correlación con el estado general de nuestra salud y nuestro proceso de envejecimiento. Eliminar del cuerpo las células poco saludables, las células que tienen mitocondrias débiles o, en su defecto, vulnerables, al mismo tiempo que se protegen las células saludables, parece ser esencial para una buena salud. Otra clave para una salud radiante parece ser fomentar el desarrollo de más mitocondrias.

En resumen, el Método de Incorporación Total de la Meditación presenta sinergias con varias prácticas antiguas poderosas que afinan el cerebro y fortalecen el cuerpo a nivel celular, así como los sistemas inmune, circulatorio y nervioso, todo lo cual tiene beneficios directos en el cuerpo, la mente y la salud emocional.

¡Empecemos!

Parte II

Tonificación del Nervio Vago

Muchas culturas antiguas creían que las palabras y los nombres tenían una esencia divina con poder creativo. De hecho, más que cualquier otro concepto espiritual, la idea de que las palabras tienen un poder sobrenatural puede hallarse en casi cualquier sociedad antigua alrededor del mundo.

Por ejemplo, los devotos del cristianismo antiguo se guiaban por la creencia de que la Palabra de Dios, comúnmente denominada *Logos* en griego, estaba imbuida de un poder creativo divino a partir del cual se formó el universo. Los hindús de la India creen que los Mantra, es decir las palabras o sonidos espirituales derivados del sánscrito, tenían poderes espirituales o psicológicos y podían influir en las vidas humanas de formas sobrenaturales.

Este concepto también aparece en la antigua cultura japonesa con el término *kotodama*. La palabra japonesa *kotodama* se compone del carácter chino *koto* (言), que se traduce como "sonido," "palabra," o "lenguaje" y el carácter chino *dama* (霊), que puede traducirse como "alma", "espíritu", "divino", o "sagrado". La idea básica es que el sonido, las palabras y el lenguaje tienen una naturaleza espiritual, en el sentido de que están vivos y llenos de un poder creativo que influye en nuestro estado físico, mental y emocional e incluso en nuestro entorno. La idea de que el lenguaje tiene un poder divino podría parecer absurda a las personas modernas, pero cuando se ve desde la perspectiva de los antiguos, quienes estaban mucho más en contacto con la naturaleza de lo que nosotros estamos y quienes carecían de un marco de referencia científico para describir sus percepciones, tiene mucho sentido.

Comenzaremos la Parte II explorando algunos sonidos fundamentales desde la perspectiva de las personas de la antigüedad, para que podamos comenzar a entender por qué la creencia de que el lenguaje y el sonido son sagrados puede hallarse en cada cultura antigua alrededor del globo. Una vez que entiendas esa perspectiva, estarás listo para recibir los beneficios de una práctica secular, firme y basada en principios. Con una visión funcional del lenguaje y el sonido relacionada con la consciencia, exploraremos las dimensiones del sonido a medida que lo producimos con nuestro propio cuerpo. Esta práctica sirve para aumentar considerablemente nuestra receptividad a prácticas posteriores y para incrementar nuestra consciencia como un todo.

Por último, con la recién desarrollada consciencia de la naturaleza del sonido y el aumento de la consciencia corporal del sonido, aprenderás a sentir qué sonidos proporcionan el mayor valor terapéutico a tu cuerpo en un momento determinado. La sensibilidad y consciencia desarrollados a través de las prácticas que se encuentran en la Parte II servirán como fundamento de todos los ejercicios posteriores.

Capítulo 4

Sonidos Primarios

Las personas de la antigüedad reconocían que los seres humanos son muchísimo más capaces de "crear" y modificar el entorno que otros animales. Desde la perspectiva de las primeras civilizaciones, que vivían en estrecha relación con la tierra, cada criatura es como un miembro de la familia. Teniendo la idea de que somos parientes de otras criaturas, resulta natural preguntarse por qué los humanos tienen mucho más poder para influir en el entorno que otros animales.

Viendo que este poder no se hallaba en sus dientes y garras como ocurre con la mayoría de las criaturas, los primeros humanos se dieron cuenta de que su fortaleza residía en el pensamiento. También se dieron cuenta de que el pensamiento está estructurado mediante el lenguaje, una estructura que proviene de los ancestros y trasciende al individuo.

El lenguaje, desde su perspectiva, era una inspiración divina que se remontaba a los inicios de la humanidad. Se dieron cuenta de que. si una persona quiere generar un cambio en el mundo, primero debe ser capaz de imaginar el cambio deseado observando el futuro y luego articular mentalmente el camino hacia ese futuro.

Si el plan requiere la ayuda de otros, les debe ser comunicado. Si las palabras son claras, inspiradoras y se alinean con las necesidades y deseos de las personas, estas apoyarán el plan con el poder de su lenguaje y su esfuerzo físico.

Desde luego, podemos ver que nosotros los humanos somos parientes genéticos de todas las otras criaturas y que tenemos un increíble poder creativo que nos permite modificar nuestro entorno (para bien o para mal) mucho más que otros animales. El poder de las palabras nos ayudó a sobrevivir en un mundo peligroso, sin garras, sin colmillos ni pelaje, lo cual, dicho sea de paso, representa un logro milagroso. Considerando ese hecho, es fácil ver por qué la palabra era considerada de vital importancia para los antiguos, incluso sagrada.

El carácter sagrado del lenguaje, desde la perspectiva de los antiguos, tiene su origen en la vibración del sonido puro. Analicemos las bases del lenguaje, los sonidos de las vocales. Los sonidos de las vocales A, I, U, E, O proporcionan las vibraciones fundamentales que dan origen a los sistemas de lenguas alrededor del mundo, las cuales después son modificadas por las consonantes, las pausas, las oclusiones glóticas, etcétera.

Los sonidos de las vocales se generan con la boca y la garganta abiertas mientras se produce el sonido. En cambio, el sonido de las consonantes requiere que los dientes, lengua, labios o la constricción de las cuerdas vocales detenga o corte el sonido. Para darte una idea de lo que quiero decir con las vibraciones de los sonidos de las vocales, necesitas vocalizar los sonidos con todo tu cuerpo como se haría durante un cántico. Intentemos entonar primero el sonido de "A" mientras intentamos sentir la vibración resultante en el cuerpo. Entona fuertemente el sonido y hazlo desde lo más abajo de tu cuerpo que puedas. Cuando entones adecuadamente el sonido de "A", observarás que las vibraciones parecen viajar hacia la parte inferior del cuerpo.

Ahora, comparemos un sonido consonántico común como el de la K. Cuando tratas de entonar la K, que sonaría como "KA", la parte K del sonido es temporal, justo al inicio de la entonación, y no puede mantenerse más que por un instante. La K se pierde rápidamente dejando solo el sonido de "A".

Desde la experiencia, podemos ver que el sonido K es definido, en el sentido de que no existe manera de sostener ese sonido, mientras que el sonido de "A" puede continuar hasta quedarnos sin aliento, lo que significa que es indefinido. Lo que es definido es mundano y lo que es indefinido es trascendente.

Debido a que el sonido de "A" continúa y puede mezclarse con cualquier sonido, además de que puede tomar cualquier posición al producir sonidos más complejos, podría considerarse trascendente o sagrado. Bajo esta pauta, la K y otros sonidos que no pueden sostenerse se consideran sonidos mundanos u ordinarios. Para evitar un misticismo innecesario en nuestro entrenamiento, definiremos todos los sonidos trascendentes como sonidos primarios y nos ceñiremos a esa definición a medida que tu entrenamiento avance.

De las definiciones establecidas en el párrafo anterior, podemos ver por qué los sonidos de las vocales A, I, U, E, y O pueden considerarse trascendentes (primarios) y por qué la mayoría de las consonantes serían consideradas sonidos mundanos (secundarios). Existen algunos sonidos consonánticos que se ajustan a la descripción de los sonidos primarios. Observa que los sonidos N y M, que en español son consonantes, al igual que A, I, U, E, y O, crean vibraciones que se pueden mantener cuando se entonan, independientemente del lugar que ocupen en una palabra.

Inténtalo por ti mismo. Estas letras no se consideran vocales porque se producen con un elemento cerrado (los labios para la M y la lengua contra los dientes para el sonido de la N). Para nuestro propósito, puesto que los sonidos de la M y de la N son se pueden sostener, también los trataremos como sonidos primarios.

"¿Y qué pasa con la Y, que a veces suena como I?", podrías preguntarte. La Y no es un sonido primario porque, cuando se comporta como vocal en español, por ejemplo, en la palabra "hoy", la Y se vocaliza como la vocal I, la cual produce una vibración sostenible. Cuando la Y toma su propio sonido, por ejemplo, en "yerno", el sonido es insostenible, por lo que tiene las propiedades de una consonante.

Te preguntarás por qué conocer la diferencia entre sonidos primarios y secundarios es relevante para personas que no creen en lo sagrado. Los sonidos primarios, cuando sus vibraciones se extienden, como pasa al entonar un cántico, estimulan el nervio vago, lo que a su vez mejora la salud física, mental y emocional, tal y como vimos en el Capítulo 2.

Obtendrás los beneficios de la vocalización de sonidos primarios independientemente de tus creencias. Resulta que los cánticos son una técnica antigua de supervivencia. Mantener una buena salud era vital para la supervivencia cuando los humanos no estaban aislados de los elementos naturales, por lo que los antiguos sacaban provecho de estos sonidos.

Como mencionamos anteriormente, los sonidos primarios tienen dos funciones increíbles. Forman la base de la lengua, que es el pilar de nuestro pensamiento y nuestros notables poderes de adaptación. Las vibraciones de los sonidos primarios también benefician nuestra salud a nivel físico, mental y emocional. Así como los sonidos primarios mejoraban la vida de las personas en la antigüedad, también pueden mejorar nuestras vidas si los utilizamos correctamente.

Para obtener experiencia con estos sonidos, intenta mezclar e igualar los sonidos "A", "I", "U", "E", "O", "Mmm", y "Nnn". Al hacerlo, podrás notar lo similares que son estos sonidos a los cánticos de los monjes tibetanos y gregorianos, así como a las canciones de las personas indígenas de todo el mundo. Desde luego, estas canciones y cánticos incluyen consonantes, ya que son oraciones con sentido. También puedes añadir consonantes, pero ten en mente que los aspectos estimulantes del nervio vago de los cánticos y canciones provienen de las vibraciones sostenidas. Para escuchar un ejemplo de los sonidos, te invito a descargar el mp3 de los sonidos primarios en: https://richardlhaight.com/primarysounds/

Ojalá puedas sentir la profundidad de estos sonidos a partir de la poca experiencia que has tenido con este capítulo. Ten en mente que la intensidad de los sonidos primarios es aún mayor. Más allá de las contribuciones prácticas a nuestro lenguaje y salud, hemos observado que vocalizar sonidos primarios de forma correcta durante un tiempo suficientemente largo puede llevar a las personas a estados visionarios que trascienden el 'yo', estados que incluso un ateo no podría describir como otra cosa que no sea trascendente. No se puede obtener ese efecto con sonidos secundarios o consonantes.

Analicemos la ciencia que estudia los sonidos primarios, la respiración, el nervio vago y la manera en que todo esto afecta nuestra salud y nuestra consciencia.

El nervio vago, que conecta el tallo cerebral con los órganos vitales, también se conecta con la pared posterior del canal auditivo externo, con la parte baja de la membrana del tímpano, así como con el oído medio. Entonar sonidos primarios produce un incremento medible en la fuerza de la respuesta vaga (en referencia al nervio vago), que está determinada por la variación de la frecuencia cardiaca.

Cuanto mayor sea la variación de la frecuencia cardiaca entre la inhalación y la exhalación, más saludable es el tono del nervio vago. Cuando inhalamos antes de entonar el sonido de "A", por ejemplo, la frecuencia cardiaca se eleva. Luego, mientras exhalamos produciendo el sonido, nuestra frecuencia cardiaca disminuye considerablemente. Producir sonidos primarios de una manera parecida a un mantra tonifica el nervio vago. Con este ejercicio, no solo mejora el tono del nervio vago, sino que el sistema límbico se relaja. El sistema límbico es el centro emocional del cerebro. La estimulación del nervio vago a través de cualquier medio estabiliza nuestras emociones, lo que nos permite tener una mayor claridad interior.

Si midiéramos las ondas cerebrales antes, durante y después de entonar sonidos primarios, podríamos ver que el cerebro cambia de una onda beta, relacionado con el razonamiento, la concentración y un estado que induce el estrés; a una onda alfa, que es indicador de un estado restaurador. Ver la televisión también nos introduciría en un estado de ondas alfa. La diferencia es que, con la tonificación del nervio vago, estamos en un estado altamente consciente de plena meditación, mientras que viendo la televisión nos encontramos en un estado de nula consciencia.

Capítulo 5

Dimensiones de los Sonidos

Cada sonido primario tiene una resonancia, forma y dirección de la vibración específicos que puede sentirse en el cuerpo. Cuanta más habilidad tengas para vocalizar estos sonidos desde el interior del cuerpo, más obvias son las formas, dimensiones y flujos direccionales de cada sonido. Para darte una idea básica de las dimensiones particulares de cada sonido, podemos vocalizarlos sucesivamente, sin detenernos entre sonidos.

A continuación, se describe la manera de sentir la naturaleza de cada sonido:

1. Siéntate o quédate de pie en una posición cómoda.
2. Relaja el cuerpo y desconcentra la mente mientras sientes todo tu cuerpo físico.
3. Comienza a vocalizar el sonido "A" mientras sientes vibraciones en el cuerpo durante algunos segundos. Nota la forma y la dirección del viaje de la vibración.
4. Cambia el sonido a "I" durante algunos segundos y observa el cambio de la vibración en la forma, en comparación con el sonido "A". Nota la dirección en la que viaja el sonido.

5. Continua y cambia el sonido a "U" durante un momento. Siente y observa la forma y dirección en que viaja el sonido en comparación con el sonido "I".
6. Cambia el sonido a "E" y observa el cambio, la forma y la dirección del viaje del sonido.
7. Cambia el sonido a "O" y siente sus cualidades.
8. Haz el sonido "Mmm" y observa su naturaleza.
9. Por último, produce el sonido "Nnn" y siente sus dimensiones.

Para percibirlos bien, prodúcelos todos en una sola respiración y siente el cambio entre ellos.

"A"
"I"
"U"
"E"
"O"
"Mmm"
"Nnn"

Si todavía no lo has hecho, te invito descargar el mp3 de los sonidos primarios en: https://richardlhaight.com/primarysounds/

Ahora ya puedes ver y sentir claramente las diferencias entre las dimensiones de los sonidos de cada una de estas vocalizaciones primarias. Probablemente observaste que el sonido "A" viaja hacia la parte inferior del cuerpo, el sonido "I" genera una vibración en forma de disco casi horizontal, angosto pero amplio, desde la parte superior del pecho o la garganta. El sonido "U" viaja en forma cónica, mientras que el sonido "E" parte del origen de esa forma cónica. El sonido "O" es un sonido esférico que se mueve en todas las direcciones equitativamente, alejándose de su origen. En cambio, el sonido "Mmm" también es esférico, pero pequeño en comparación con el sonido "Oh". ¿Qué forma tiene el sonido "Nnn"?

Si al principio no tienes certeza de las dimensiones de los sonidos, no te preocupes demasiado, ya que desarrollar consciencia y sensibilidad corporales es parte del beneficio de los ejercicios con sonidos primarios. Tendrás que practicar un poco antes de sentir claramente las dimensiones de los sonidos y comprender mejor la forma en que viajan. Recomiendo practicar cada sonido un poco todos los días para llegar a reconocer sus sensaciones.

Dimensiones de los Sonidos

Durante tu práctica, observa cualquier sonido que te resulte difícil producir desde muy dentro del cuerpo. La mayoría de las personas, cuando comienzan a entonar sonidos primarios, crean los sonidos muy dentro de la garganta, lo que hace que el tono sea más alto que el tono ideal para la práctica. Para ayudarte a producir los sonidos desde el interior del cuerpo, coloca las manos sobre tu diafragma, que es el área blanda justo debajo del esternón, para que puedas sentir mucho mejor esa área. Intenta producir los sonidos desde esa área. Abrir un poco más la boca disminuye el tono del sonido para que lo puedas sentir en una parte más baja de tu cuerpo.

No te preocupes demasiado por producir sonidos perfectos. El objetivo de la práctica no es mejorar tu canto o prepararte para cantar ante un público. El refinamiento de los sonidos llegará con la práctica. Lo más importante es relajarte, sentir y disfrutar el proceso, ya que, de lo contrario, no podrás lograr los beneficios meditativos de la práctica.

Capítulo 6

Terapia con Sonidos

Al producir los diferentes sonidos, tal vez te hayas dado cuenta de que el cuerpo experimenta sensaciones positivas al emitir ciertos sonidos y que muestra cierta resistencia a producir otros sonidos, mientras que otros sonidos son neutrales. Toma nota de los sonidos que le sientan particularmente bien en tu cuerpo, ya que cuando produces dichos sonidos, tu salud se beneficia mucho.

Para obtener los mayores beneficios de salud de estos sonidos, dirige tus esfuerzos a producir los sonidos que creen las mayores sensaciones positivas en el cuerpo cuando los haces. Intenta realizar cada sonido mientras sientes la respuesta de tu cuerpo: "A", "I", "U", "E", "O", "Mmm" y "Nnn".

El sonido terapéutico en este momento producirá en tu cuerpo una sensación agradable y satisfactoria. Toma nota de este sonido, ya que lo usarás bastante. También es recomendable identificar a qué sonido siente aversión tu cuerpo. Identificar las sensaciones de estos dos extremos te ayudará a concentrar tu sensibilidad y consciencia física, lo cual te ayudará en ejercicios posteriores.

Mediante pruebas, he observado que no hay un sonido correcto para todos. También me he dado cuenta de que nuestro cuerpo se encuentra en constante cambio, por lo que el sonido que le iba muy bien al cuerpo esta mañana podría no ser el adecuado al mediodía o por la noche. La clave es hacer los sonidos sin crearte ninguna expectativa, identificando las sensaciones de cada uno antes de seleccionar el correcto para el momento actual. Pon un temporizador de cinco minutos y disfruta vocalizando estos sonidos terapéuticos.

Como seguramente observarás después de practicar incluso solo un poco estos sonidos, las vocalizaciones tonificarán tu nervio vago y te pondrán rápidamente en un estado mental de meditación, pero existe otra razón que respalda el uso de esta práctica: el desarrollo de la consciencia subconsciente.

Si vemos la mente como un océano, que es la metáfora clásica para la mente y la consciencia, podríamos considerar que la superficie representa la mente. Está llena de cambios y agitación. Cuanto más nos alejamos de la superficie sumergiéndonos hacia el interior, el cual representa la parte consciente, más claridad y consciencia encontramos. La manera de sumergirnos más es a través de las sensaciones. A medida que practicamos la identificación de las sensaciones que producen las diferencias entre los sonidos y, en particular, la manera en que nuestro cuerpo siente esos sonidos a nivel terapéutico, más conscientes nos volvemos de la mente subconsciente, la cual tiene sus propias corrientes.

El verdadero nivel de consciencia se halla debajo de todas las corrientes. Cuando se alcanza ese nivel y se mantiene durante la vida cotidiana, lo llamamos incorporación total. Antes de que podamos vivir nuestra vida a ese nivel de consciencia, primero necesitamos ser plenamente conscientes de las corrientes que existen entre la superficie y la calma. Practicar con el objetivo de desarrollar la sensibilidad interna es el secreto para aventurarse con determinación en las profundidades del océano del subconsciente.

Para ayudarte en tu práctica, podemos refinar aún más cada sonido intentando producir cada uno en su tono grave y agudo, y luego identificando con exactitud qué tono produce la sensación correcta para tu cuerpo en este momento. Imaginemos que has experimentado todos los sonidos primarios y has hallado que en este momento el sonido "A" te produce buenas sensaciones. Para dar con el tono exacto del sonido "A", podrías comenzar produciéndolo en el tono más grave que puedas, lo que te obligará a abrir la boca por completo y a producir el sonido desde tu diafragma. Mientras produces el sonido, mueve lentamente el origen del sonido hacia la garganta. Si eres capaz de hacer esto, el tono del sonido "A" debe incrementarse considerablemente. Mientras elevas el tono lentamente, observa con exactitud qué tono tiene el mayor efecto terapéutico para tu cuerpo en ese momento.

Una vez que tengas una idea de qué sonido y tono parecen ser los más positivos en este momento, intenta identificar el sonido y tono al cual tu cuerpo siente más aversión. Con el paso del tiempo, practicar de esta forma incrementará tu consciencia y tu sensibilidad física y puede facilitar un tipo de comunicación consciente con la mente subconsciente.

Una vez que hayas encontrado tanto el sonido terapéutico como el desfavorable, asegúrate de terminar tu práctica trabajando el sonido que le produce a tu cuerpo el mayor beneficio terapéutico. Siempre que puedas, acaba con una nota positiva.

Parte III

Entrenamiento Básico para la Presión

Ya has aprendido varias herramientas de entrenamiento para mejorar tu salud, tu sensibilidad física y tu consciencia meditativa. En la Parte III vas a conocer una poderosa herramienta que sin duda desafiará tus capacidades.

Si eres principiante, lo primero que podría venir a tu mente es que no estás listo para un desafío. Destierra ese pensamiento en el momento en que surja, ya que no refleja la verdad. El entrenamiento para la presión descrito en la parte III podría superarte las primeras veces que lo intentes, pero eso normalmente ocurrirá independientemente de tus capacidades meditativas.

Lo que ocurrirá es esto: las primeras veces notarás que te sientes sobrepasado, pero poco después verás una mejora inmediata y el hecho de observar esa mejora te alentará a continuar la práctica del entrenamiento para la presión.

El entrenamiento para la presión que usaremos tiene su origen en una antigua práctica religiosa conocida como purificación con agua. Para nuestros objetivos, eliminaremos todos los elementos religiosos para que podamos trabajar únicamente con los principios de la práctica. Seguir los principios convertirá la purificación con agua en una poderosa herramienta para entrenar la consciencia.

Una vez que aprendamos el método básico, exploraremos la respiración correcta, puesto que esta se relaciona con la práctica, así como las variaciones del método que te permitirán realizar ajustes adecuados de acuerdo con tus circunstancias cada día. Una vez que aprendamos las variaciones, mencionaremos problemas relacionados con la salud que podrían obligarte a realizar ligeras modificaciones para lograr una práctica productiva y segura.

Por último, aprenderemos a usar una poderosa herramienta para evaluar el progreso, derivada de los sonidos primarios, que revelará con precisión en qué parte de tu entrenamiento te encuentras, de forma que puedas incrementar el nivel de dificultad adecuadamente.

Capítulo 7

Purificación con Agua

La purificación con agua puede hallarse en casi todas las culturas y religiones del mundo. Por ejemplo, a Juan el Bautista, un profeta judío contemporáneo de Jesús, lo describe la Biblia bautizando personas sumergiéndolas en las aguas del río, lo cual era un sacramento esencial de sus enseñanzas mesiánicas. Está en las escrituras que Jesús acudió a Juan para ser bautizado antes de comenzar su clerecía. Desde luego, el bautismo todavía tiene mucha fuerza en la actualidad en la mayoría de las tradiciones cristianas, pero el bautismo como regularmente se practica ahora no es exactamente como era en la época de Juan.

La tradición de la purificación con agua, conocida como *tvilah* en el judaísmo, es muy anterior a Juan el Bautista y se halla en la Ley de Moisés, escrita más de mil años antes de la misión de Juan. El ritual del *tvilah* dicta que la persona debe sumergirse en un cuerpo de agua llamado *mikveh*. A través de la inmersión en el agua, se dice que la "pureza" de la persona se restaura. El ritual sirve para purificar a una persona que se convierte al judaísmo antes de entrar al Templo Sagrado o después de haber tocado un cadáver, por ejemplo.

En la cultura japonesa, existe una práctica similar conocida como *misogi* (禊), que se traduce al español como "realizar la ablución". En la tradición Shinto, *misogi* significa eliminar las impurezas con agua y se realiza bajo una cascada. De hecho, en la actualidad las personas practican el *misogi* en las cascadas que se encuentran en los grandes templos budistas o santuarios Shinto en todo el país.

La práctica por lo general la realiza una persona despojándose de toda la ropa excepto la ropa interior. Mientras ora, la persona camina bajo la cascada y permanece ahí durante el tiempo que pueda con la intención de mantener su convicción de liberar las impurezas espirituales o de rezar por otras personas.

Debido a la atención que tienen los elementos rituales y religiosos y la percepción de que estas prácticas nacen de supersticiones antiguas, los elementos prácticos de la purificación con agua se han olvidado casi por completo. La pérdida del principio esencial es comprensible cuando consideramos que la purificación con agua se usaba como una herramienta para el ritual del exorcismo en muchas religiones alrededor del mundo. Si uno no cree en espíritus, el exorcismo no tiene sentido, y por asociación, tampoco lo tiene la purificación con agua.

Desafortunadamente, al desestimar esta práctica, en el mundo moderno hemos devaluado fuertemente una de las prácticas más esenciales para nuestra salud y bienestar, poniéndola en el cajón de las supersticiones. La idea de eliminar los espíritus malvados con agua podría parecer absurda a la forma secular de pensar, pero si consideramos lo que se experimenta cuando nos quedamos de pie bajo una cascada de agua fría con el propósito de purificarnos, la idea de eliminar los espíritus malvados con agua se hace mucho más fácil de comprender. Permíteme explicarte.

Los pueblos antiguos de todo el mundo veían los diversos estados emocionales como espíritus. La idea básica era que el estado de claridad representaba al verdadero o puro 'yo', la chispa divina. Las emociones que causan confusión o provocan un mal comportamiento o pensamientos incorrectos no eran consideradas el auténtico 'yo', sino espíritus que habían poseído a la persona temporalmente. En términos modernos, podríamos clasificar los estados emocionales extremos como locura temporal.

Todos hemos experimentado arrebatos emocionales y el sufrimiento causado por palabras o acciones precipitadas mientras nos encontramos en un estado de poca claridad. La mayoría de nosotros asumiría que nos referimos a la ira y la impulsividad, pero cualquier forma de carencia de claridad estimulada por las emociones podría contar como una posesión espiritual de acuerdo a la forma antigua de pensar.

Por ejemplo, considera el impulso que te mueve a comprar ese coche nuevo o a comer ese helado cuando sabes que no deberías hacerlo. O piensa en los sesgos emocionales que causan que las personas se cieguen ante los hechos que tienen frente a ellas. Seguramente no dudarías en eliminar esos espíritus con la ayuda del agua si pudieses.

Capítulo 8

Enfrentar el Agua

Como comentamos en el capítulo anterior, los antiguos pensaban que la inmersión en agua natural con la intención de purificarse exorcizaba los espíritus negativos. A partir de esa descripción, podemos ver que dos de los elementos que eran relevantes para los antiguos podrían no serlo para nosotros: el tipo de agua y la creencia en espíritus. Puesto que las circunstancias de nuestras vidas difieren marcadamente de las de los antiguos, necesitamos saber si esos elementos son relevantes para nosotros o no.

Respecto a la necesidad de agua natural, debemos tener en cuenta que los antiguos no tenían agua corriente en sus hogares. El agua natural para ellos era agua que corría en los ríos, arroyos, océanos, etcétera; es decir, agua que se encontraba a una temperatura muy por debajo de la temperatura corporal.

Aunque no tienes acceso a un río en el interior de tu hogar, puedes usar la ducha. La única cuestión es si darse una ducha de agua fría proporciona un efecto purificador o no. También necesitamos saber si es necesario creer en espíritus para obtener los beneficios de la purificación con agua. Si tu estado emocional se aclara al darte una ducha con agua fría intencionadamente, sabrás que la idea básica de la purificación con agua es útil. Para responder a cada cuestión se necesita tu experiencia directa al ducharte con agua fría. Pongamos a prueba la teoría realizando un experimento.

Nota: si tienes algún padecimiento cardiaco o mala salud, por favor consulta con tu médico antes de realizar este experimento.

Espera hasta que tengas sensaciones negativas o te encuentres molesto, luego ve a la ducha, quítate la ropa y colócate debajo del agua más fría que pueda salir de tu ducha con la intención de que el crudo contacto del agua fría arrastre la negatividad.

Asegúrate de estar en posición totalmente vertical bajo el agua corriente durante al menos un minuto. Dirige el agua a tu rostro y sobre tu cabeza, pecho y espalda. No intentes apartarte del flujo del agua. Es más, dirige intencionadamente el agua a los lugares que hagan que tu respiración se dificulte. Trata de respirar encontrando relajación en esta experiencia. Libera conscientemente la negatividad a medida que exhalas. Después de un minuto, cierra el agua, sal de la ducha y sécate.

¿Cómo te sientes?

Seguramente, lo primero que notarás es que tu cuerpo se siente vivo y estimulado, a diferencia de antes de entrar a la ducha. También observarás que tu estado se ha despejado, de forma que te sientes bien física, mental y emocionalmente. En otras palabras, te sientes mejor, piensas con mayor claridad y tienes más energía. Según la manera de pensar de los antiguos, te has purificado.

Después de tu experiencia con la ducha fría, es de esperar que la idea de la purificación con agua ya no te parezca tan absurda. Si no tuvieras ninguna explicación científica en la que basarte, probablemente dirías que te has purificado de un espíritu negativo.

Desafortunadamente, muchas religiones que practican estos rituales no enseñan y tal vez no conocen la práctica original saludable que dio origen a sus rituales. Si la conocieran, la práctica de la purificación con agua sería una parte normal de la rutina de la vida de las personas y no un ritual que se practica una vez al año o una vez en la vida.

Para nuestro objetivo, dejaremos de lado todos los vínculos religiosos y nos centraremos en los beneficios prácticos que podemos obtener al tomar duchas frías de manera intencionada, los cuales incluyen sentirte mucho mejor física, mental y emocionalmente. Con la experiencia, observarás que te conviertes en alguien más capaz, más productivo, más consciente y con más energía los días que tomas duchas frías en comparación con los días en los que evitas el agua fría.

Algunas personas piensan que darse una ducha fría es una actividad extrema porque provoca una sensación muy desagradable. Esas ideas provienen de una perspectiva moderna, en la cual estamos acostumbrados a tener fácil acceso al agua caliente cada vez que nos duchamos o nos bañamos. Sin embargo, el agua caliente no fue algo con lo que evolucionó nuestro cuerpo. De hecho, hasta hace muy poco tiempo, bañarse con agua fría era una parte normal de la higiene y se hacía todo el año.

Con la invención de la agricultura, los humanos comenzaron a llevar estilos de vida más sedentarios. En determinado momento, comenzamos a calentar el agua para bañarnos. Así, el agua caliente se convirtió en la norma y nuestros cuerpos se han debilitado a raíz de esto.

Como podrás recordar, en la Parte I analizamos los efectos positivos que el entrenamiento del MITM tiene en el cerebro y en el cuerpo a través de la estimulación del nervio vago. Con cada experiencia de ducha fría, tu nervio vago se estimulará mucho, lo cual incrementará la variación de tu ritmo cardiaco, lo que es enormemente beneficioso para tu salud. Debido a una intensa estimulación del nervio vago, la inflamación corporal se reducirá, por lo que tu salud general seguramente mejorará.

Con cada ducha fría estarás ejercitando tu sistema circulatorio, específicamente el corazón y los músculos de las paredes de los vasos sanguíneos, lo que mejorará su capacidad para regular la presión de la sangre en todo tu cuerpo. Además, las duchas frías ejercitarán las mitocondrias de tus células, haciéndolas más eficientes. Las células que tengan mitocondrias insuficientes morirán para ser reemplazadas por células más saludables. El efecto resultante es una limpieza celular que permitirá producir más energía para que tu cuerpo tenga una mejor salud general de la que tendría de otra forma. Por último, cuando aceptas el desafío de la experiencia con duchas frías, descubrirás que estás más preparado para asumir otros desafíos que podrías haber estado evitando.

En resumen, el resultado de darse una ducha fría todos los días es un corazón más saludable, un sistema nervioso fortalecido, un mejor sistema inmune, un sistema circulatorio más fuerte y células más saludables. En tiempos antiguos, dichos sistemas debían ser robustos simplemente para sobrevivir. En tiempos modernos, podemos arreglárnoslas sin tener un cuerpo fuerte, aunque nuestra calidad de vida se reduce.

Sin importar quién seas o cuál sea tu intención, darte duchas con agua fría puede traerte ciertos beneficios. No obstante, si tu intención es correcta, es decir, si buscas estar más consciente meditativamente hablando, los beneficios serán aún mayores. Desafiar la inercia emocional con una ducha fría mejorará muchísimo tu consciencia y tus capacidades de meditación bajo cualquier tipo de presión, incluidas las presiones de la vida cotidiana.

Antes de entrar en ese tipo de entrenamiento, vamos a revisar algunos protocolos de seguridad sobre las duchas con agua fría.

¿Quiénes no deberían darse duchas con agua fría?

Aunque la mayoría de los médicos recomiendan a las personas con problemas cardiacos evitar la inmersión en agua fría (por ejemplo, darse baños en agua con hielo), se ha escrito poco sobre los peligros de las duchas frías. Es por eso que, para las personas que tengan una salud muy frágil, al final de este capítulo incluyo un sistema por pasos que le permitirás a sus cuerpos aclimatarse a las duchas frías más lentamente, siempre que el médico lo apruebe.

Si sospechas que tienes alguna enfermedad que podría no ser compatible con las duchas de agua fría, por favor lee este capítulo completo antes de darte una ducha con agua fría. Incluso a las personas que generalmente gozan de buena salud les convendrá aplicar algunos aspectos de este sistema los días en que no se sientan tan bien.

Aliento de fuego

La manera en que respiramos durante el primer minuto de una ducha fría marca una gran diferencia respecto al tiempo que podemos aguantar bajo el agua fría. Como principiantes, podemos observar que nuestra respiración se vuelve espasmódica y errática en el momento en que el agua fría toca nuestro cuerpo. O puede que estemos tentados a contener la respiración en respuesta a una situación estresante. Con esa noción en mente, podemos utilizar la experiencia de la ducha para aprender a guiar nuestra respiración hacia la estabilidad.

Para controlar nuestra respiración durante una ducha de agua fría, lo que se necesita es dominar la respiración espasmódica mediante inhalaciones y exhalaciones rápidas, completas y firmes. Al hacer esto, tonificarás rápidamente tu nervio vago, oxigenarás tu sangre y posiblemente, incluso elevarás tu temperatura corporal.

Los monjes tibetanos han clasificado este tipo de respiración, conocida comúnmente como Aliento de Fuego. El método se llama así porque, si se hace correctamente, un practicante con dominio puede elevar tangiblemente su temperatura corporal aun sentado desnudo en hielo. Propiamente entendido, el Aliento de Fuego no es exactamente una técnica, sino más bien una manera de controlar conscientemente lo que el cuerpo hace naturalmente cuando se expone al frío repentinamente. Desde luego, las personas por lo general tienden a complicar y ritualizar las cosas que en realidad son sencillas. Para nuestro objetivo con la ducha, no hay necesidad de complicar el Aliento de Fuego. Cuando empieces a darte la ducha fría, si tu respiración se vuelve espasmódica, puedes usar el Aliento de Fuego para volver a controlar tu respiración.

Primera Ducha de Entrenamiento

Nota: por seguridad, programa siempre un temporizador de 10 minutos para recordarte salir antes de comenzar a sufrir hipotermia.

Para obtener los máximos beneficios de una ducha de agua fría, hazlo por la mañana temprano después de ir al baño. Sin pensarlo demasiado, quítate la ropa, métete a la ducha, y si puedes hacerlo, colócate directamente debajo de la ducha y deja correr el agua a la temperatura más fría posible.

Mientras el agua te envuelve, detecta cualquier estremecimiento inestabilidad en tu respiración. Dedica el primer minuto a intentar controlar tu respiración usando el Aliento de Fuego, mientras diriges el flujo de agua directamente a los lugares que provocan más tensión en tu respiración.

Una vez transcurrido el primer minuto, intenta permanecer bajo el agua fría el mayor tiempo posible, pero no más de 10 minutos. No queremos que la temperatura interior del cuerpo baje tanto que puedas sufrir de hipotermia, puesto que esto puede poner en riesgo tu vida.

Si eres capaz de controlar tu respiración durante el primer minuto, no será tan difícil permanecer en la ducha más tiempo. No obstante, si tu respiración no se tranquiliza, el desafío del agua fría será agobiante y podrías ser incapaz de quedarte en la ducha más de un minuto. Si eso ocurre, no te culpes por ello. Con la práctica diaria, pronto te darás cuenta de que puedes aguantar un minuto fácilmente.

Nota: si tienes dificultades para volver a entrar en calor o tienes una sensación de ardor después de la ducha, significa que tu temperatura corporal ha bajado un poco y esto es algo que deseamos evitar. Reduce un poco el tiempo en la ducha hasta que ya no aparezcan esos síntomas.

Método Gradual

Si te resistes fuertemente a ponerte directamente bajo del flujo de agua fría, puedes hacerlo poco a poco a través de un método más gradual. Podrías proceder de la siguiente manera.

Imagina que entras a un río a bañarte como lo habrías hecho en tiempos antiguos. De manera natural, tus pies tocan primero el agua fría. A medida que te adentras en el río, el agua sube hasta tus piernas, tu entrepierna y luego a la parte baja de tu abdomen antes de que finalmente te hundes completamente y te sumerges en el agua.

Tomando como base ese escenario, dirige primero el flujo del agua de la ducha hacia tus pies, luego gradualmente hacia tus piernas, tu entrepierna, y luego a tu abdomen bajo. Luego podrías dirigir el agua hacia tus brazos antes de finalmente dirigirla hacia tu torso, cara, cabeza, hombros y espalda.

Una vez que haya transcurrido el primer minuto, intenta permanecer en el agua fría hasta 10 minutos, pero no más. De nuevo, el objetivo del primer minuto es controlar tu respiración y relajarte bajo el agua fría. Si tu respiración no se calma, el desafío de la ducha resultará agobiante y podrías ser incapaz de permanecer bajo el flujo de agua fría por mucho tiempo. En ese caso, lo mejor que puedes hacer es salir de la ducha, ya que tu cuerpo no regula bien la temperatura cuando tu respiración es irregular.

Si no puedes permanecer en la ducha, no te lo tomes tan a pecho. Muy pronto podrás lograrlo. Sin importar el tiempo que hayas permanecido en la ducha, registra mentalmente ese tiempo, y, si fuiste capaz de regular tu respiración, registra aproximadamente cuánto tiempo te costó.

Cuando hayas terminado tu ducha, sécate inmediatamente. No se recomienda en absoluto a los principiantes secarse solo con el aire, ya que el cuerpo puede perder rápidamente su temperatura interna, provocando hipotermia, que es un estado peligroso y potencialmente letal.

El Método del Lavabo

Para las personas que tienen una salud frágil, pero quieren intentar el desafío del agua fría, existe una manera mucho más suave. El método del lavabo es beneficioso para el corazón y no lo pone en peligro. Para estar seguro, consulta con tu médico antes de intentar este método.

Puesto que el nervio vago se conecta con nuestra cara y cuello, podemos estimularlo y afectar positivamente el resto del cuerpo derramando agua fría sobre la cabeza, cuello y cara. Yo uso este método los días en que siento que mi salud está un poco vulnerable.

Coloca la cabeza bajo el grifo del lavabo y deja correr el agua fría sobre tu cabeza. Usa la mano para dirigir el agua hacia tu cara y cuello. Continúa con este proceso durante al menos un minuto. Cuando hayas terminado con la cabeza, cara y cuello, deja correr el agua fría por tus brazos.

Cuando hayas terminado con el agua, mantén la cabeza en el lavabo durante un par de minutos para dejar que escurra el agua y quedar expuesto al aire de la habitación. Presta atención a tu respiración. Podrás notar que exhalas pausadamente ya que tu cuerpo absorbe naturalmente una buena cantidad de aire y lo libera de manera estimulante. Sécate y continúa con tu día.

Si consideras que la temperatura del agua del grifo no es un desafío suficiente, podrías llenar un cubo o un recipiente grande con agua y luego agregarle hielo hasta que cubra la superficie del agua, aproximadamente unos 10 minutos antes de tu aventura en el lavabo. Debería ser tiempo suficiente para que la temperatura del agua baje considerablemente. Retira el hielo y derrama el agua sobre tu cabeza de una sola vez, si te es posible. Después de esto, continúa con el método del lavabo como se describe anteriormente.

Nota final: la encimera del lavabo puede llenarse toda de agua con este método, lo cual no es un problema para mí. Sin embargo, si lo prefieres, puedes usar este método en la ducha, siempre y cuando tengas una ducha desmontable (de teléfono).

Preguntas y respuestas sobre las duchas con agua fría

Pregunta: Me resulta difícil lavar mi cuerpo mientras me doy una ducha fría, por lo que también tomo duchas calientes. Me parece un desperdicio de agua hacer las dos cosas.

Respuesta: Las duchas de agua fría funcionan bien para lavar el cuerpo, pero necesitarías hacerlo a la antigua, usando un paño rugoso para exfoliar la piel. De esta manera, retiras la piel muerta, pero mantienes sus aceites saludables. Te darás cuenta de que tu piel no se seca tan fácilmente de esta manera y se mantiene más saludable que si siempre usas jabón. Con respecto al lavado del pelo, también se puede hacer con una ducha fría y sin jabón, pero cuesta varios meses de arduo trabajo volver a equilibrar la salud del cuero cabelludo y los poros. Puesto que pocas personas estarían dispuestas a hacer lo necesario y puesto que ese aspecto no le concierne mucho a este libro, aquí concluye la respuesta.

Pregunta: ¿Necesito tomar duchas frías para despertar la mente?

Respuesta: Esto dependerá de cada persona. Dicho esto, la fuerza interior que desea evitar la incomodidad del agua fría podría ser precisamente lo que está impidiendo tener una mente despierta. En cualquier caso, para despertar tu mente, si ese es tu objetivo, necesitas disminuir un poco la resistencia al cambio, a los desafíos y a la incomodidad. Las duchas de agua fría te ayudarán a lograr precisamente eso.

Pregunta: ¿Las duchas de agua fría pueden hacerte enfermar?

Respuesta: A muchos nos han dicho, "¡Ponte tu abrigo o cogerás un resfriado! Protégete de la lluvia o enfermarás". Pero los resfriados no se cogen por tener frío. El resfriado está causado por un virus, no por la temperatura. Dicho esto, si tu sistema inmune se encuentra muy vulnerable y coges el virus de la gripe, entonces podrías enfermarte. La mejor forma de mantenerse sano es fortalecer el sistema inmune. Para hacerlo, uno debe desafiar al sistema inmune. El concepto no es tan diferente del de levantar pesas con el propósito de hacerse más fuerte. En resumen, una exposición controlada al frío y a otros tipos de presión es beneficioso para la salud global.

Pregunta: ¿Te puede dar hipotermia si tomas duchas frías en invierno?

Respuesta: Puedes sufrir hipotermia a cualquier temperatura por debajo de tu temperatura corporal. Las personas sufren hipotermia tras estar mucho tiempo a temperaturas por debajo de 18°C. La defensa contra la hipotermia depende mucho de tu salud. La clave para evitar la hipotermia tras la exposición al frío es volver a calentar tu cuerpo. Puedes hacerlo con agua caliente, poniéndote varias prendas secas, tomando una bebida caliente, etcétera.

Capítulo 9

Fluir con Problemas de Salud

Puesto que estamos trabajando con la exposición al frío, necesitamos tener conocimiento de posibles trastornos que puedan complicar nuestro entrenamiento, en especial el síndrome de Raynaud y los trastornos autoinmunes relacionados. Si no padeces trastornos autoinmunes, siéntete libre de avanzar al siguiente capítulo.

El síndrome de Raynaud es un trastorno circulatorio que provoca un flujo sanguíneo reducido a los dedos de la mano, pero también puede afectar los dedos del pie, las rodillas, los pezones, las orejas, la nariz o los labios. De acuerdo con el departamento de reumatología del hospital John Hopkins, los síntomas del síndrome de Raynaud se deben a espasmos de los vasos sanguíneos en las áreas mencionadas. Los espasmos son provocados por exposición al frío, estrés o tensión emocional.

El síndrome de Raynaud afecta a cerca del cuatro por cien de la población. La forma más común del síndrome de Raynaud, por lo general, aparece en personas de entre 15 y 30 años y es más común en mujeres.

Cuando el síndrome de Raynaud se manifiesta en personas mayores de 30 años, por lo general está relacionado con otros trastornos tales como enfermedades autoinmunes o del tejido conectivo, como lupus, esclerodermia, síndrome CREST, enfermedad de Buerger, síndrome de Sjögren, artritis reumatoide, enfermedad arterial oclusiva, polimiositis, trastornos de la sangre, trastornos de la tiroides e hipertensión pulmonar. Aunque esos vínculos son comunes, la verdadera causa del síndrome de Raynaud aún se desconoce.

Los síntomas del síndrome de Raynaud pueden variar ligeramente según la persona, aunque existen elementos comunes. El primer síntoma y el más común es que los dedos se vuelven pálidos o blancos, y luego azules, cuando se exponen al frío. Este síntoma a menudo va acompañado de entumecimiento y dolor. El síndrome de Raynaud también puede manifestarse durante periodos de estrés o tensión emocional. Otro síntoma es que las manos se hinchan y duelen al calentarse. Cuando las manos vuelven a entrar en calor, eventualmente se ponen rojas. Calentar las manos por lo general cuesta algunos minutos, pero en casos extraños puede costar horas que la circulación se restablezca adecuadamente en las áreas afectadas. En casos severos, pueden formarse úlceras en las yemas de los dedos, lo cual puede fácilmente provocar infección y gangrena que, en casos muy extraños, podría requerir amputación.

Según el sitio web de la facultad de medicina de la universidad Johns Hopkins, ciertos factores pueden incrementar el riesgo de desarrollar síndrome de Raynaud; a saber, enfermedad autoinmune o del tejido conectivo, exposición a químicos, tabaquismo, lesiones o traumatismos, acciones repetitivas como escribir en un teclado o utilizar herramientas vibratorias como sierras y martillos neumáticos y los efectos secundarios de ciertos medicamentos ("Fenómeno de Raynaud").

El tratamiento del síndrome de Raynaud por lo general implica evitar factores que provoquen una tensión que estimule los síntomas, como el frío, el estrés o la tensión emocional. Si padeces síndrome de Raynaud es recomendable que te vistas con ropa abrigada y que no fumes. La cafeína, los estrógenos y los betabloqueantes no selectivos a menudo se indican como factores agravantes, aunque todavía no hay suficiente evidencia como para asegurar que deban evitarse (Wigley and Flavahan).

Yo mismo he experimentado el síndrome de Raynaud, al igual que uno de mis hermanos. En mi caso, comenzó cuando ya era mayor, aparentemente como complicación de un trastorno autoinmune que se manifestó como artritis reumatoide en mi espina dorsal. Mi doctor dijo que esta artritis muy probablemente había sido provocada por un accidente a caballo cuando tenía 17 años, un accidente que comprimió mi espina dorsal como un acordeón.

Cuando cumplí 40 años, los primeros síntomas del síndrome de Raynaud comenzaron a aparecer en mis dedos; se ponían blancos y se entumecían cuando me lavaba las manos con agua fría o cuando estaba en el exterior con aire frío. El síndrome de Raynaud se convirtió en una oportunidad de aprendizaje. No podía darme baños de agua fría, que era algo que me encantaba, así que cambié a las duchas de agua fría. Si padeces síndrome de Raynaud y tu doctor está de acuerdo, existen algunos ajustes sencillos que puedes hacer para darte duchas de agua fría.

Si las duchas de agua fría estimulan el síndrome de Raynaud, el truco está en llenar primero la bañera con agua caliente y luego quedarse de pie en el agua caliente mientras tomas la ducha con agua fría. Una vez termines la ducha, métete en el agua caliente para elevar la temperatura interna de tu cuerpo.

Comencé a tomarme muy en serio la inflamación corporal y usé todo mi conocimiento y consciencia para superar este problema. Ahora me doy cuenta que todo lo que hacía era profundamente beneficioso y antiinflamatorio: respiración vaga, meditación, cánticos, duchas de agua fría, dieta antiinflamatoria..., todo tenía efectos importantes. Si practicas con constancia, este es un método vanguardista que puede prevenir o reducir los síntomas del síndrome de Raynaud y los trastornos inflamatorios relacionados con este padecimiento.

Manteniendo este método durante un tiempo, me di cuenta de que podía darme duchas de agua fría sin experimentar los síntomas del síndrome de Raynaud. Sin embargo, si consumía cafeína, los síntomas volvían. La cafeína, al igual que el tabaco, es un vasoconstrictor. Haciendo una prueba tras otra, encontré una correlación perfecta entre el consumo de cafeína y los síntomas del síndrome de Raynaud ante la exposición al frío.

Por lo general, tenía que dejar de consumir cafeína de tres a cuatro días para dejar de presentar la reacción del síndrome de Raynaud al tomar una ducha fría. Incluso el café descafeinado y el té me provocaban la reacción, porque no existe una manera de eliminar la cafeína completamente. Y quién sabe si existen otras sustancias en el café que mi cuerpo no tolera bien.

Después de varios años manteniendo una sólida rutina antiinflamatoria, sé que puedo beber una taza de café descafeinado o de té y darme una ducha fría sin experimentar los síntomas; sin embargo, un baño frío sí me provoca los síntomas. Desde luego, lo que comparto sobre mi experiencia personal podría o no aplicarse a las condiciones de salud de otras personas, pero las investigaciones científicas sí demuestran que todas las prácticas mencionadas anteriormente tienen beneficios antiinflamatorios y de regulación del sistema inmune, por lo que espero que te resulten tan útiles como a mí.

Muchos de mis estudiantes que han aceptado el desafío de incorporar las prácticas del MITM a sus vidas, han observado notables mejoras en su salud. Sospecho que, si exploras las herramientas presentadas aquí y ajustas tu dieta, podrás darte cuenta de que el síndrome de Raynaud, así como muchos otros trastornos autoinmunes, se reducen o desaparecen completamente de tu vida.

Incluso para las personas sin enfermedades autoinmunes, estos cambios podrían ocasionar la reducción o eliminación del crujido de articulaciones, tensión en el cuello y contractura en los hombros.

Respecto a las duchas frías, si tienes problemas de salud que te hagan propenso a reacciones adversas, intenta ducharte con los pies dentro de la bañera con agua caliente, de forma que puedas meterte por completo en el agua caliente justo en el momento en que termines tu ducha para elevar rápidamente la temperatura interna de tu cuerpo, lo cual permitirá que vuelva a llegar la sangre a las áreas afectadas.

Si tu reacción del síndrome de Raynaud se manifiesta de manera tan fuerte que incluso la opción de la bañera de agua caliente no te funciona, te podría resultar útil la siguiente modificación del método. Podemos usar nuestro cuerpo como almacenamiento térmico para evitar los síntomas del síndrome de Raynaud mientras nos damos una ducha fría. La manera de hacer esto es llenar primero la bañera de agua caliente y meterse en el agua hasta que el cuerpo se llene de calor.

Una vez que tu batería corporal se haya cargado con el calor, ponte de pie en la bañera y abre el agua fría de la ducha. Haciendo esto te darás cuenta que el frío no parece tan brusco porque tu cuerpo está irradiando calor. La energía almacenada habrá calentado tu sangre, lo que seguramente evitará que tu sistema circulatorio restrinja el flujo sanguíneo a las extremidades.

Una vez que hayas terminado la ducha, puede que aún sientas tu cuerpo caliente. Si no es así, puedes volver a meterte en el agua de la bañera para recuperar temperatura.

Este método debería protegerte de las reacciones severas del síndrome de Raynaud, a medida que irá corrigiendo tu salud con el tiempo. Después de cierto tiempo, te darás cuenta de que ya no necesitas el ritual de la bañera previo a la ducha, y con más práctica, descubrirás que también puedes saltarte con toda seguridad la etapa final de la bañera.

Otros impedimentos

Si padeces alguna otra enfermedad que te impida ducharte con agua fría de manera segura, aquí tienes otro método que podría funcionarte bien.

Usando tu lavabo o un cubo de agua fría, moja un paño y úsalo para esparcir el agua fría por todo tu cuerpo. Si, por ejemplo, estuvieras en silla de ruedas, podrías quitarte la camiseta y los calcetines y arremangarte la parte inferior del pantalón para dejar al descubierto tus pies y pantorrillas. Pasa el paño mojado por las áreas descubiertas, incluyendo tu cara y cuello.

Notarás que el paño se pone tibio rápidamente debido a tu calor corporal, por lo que deberás volver a remojarlo continuamente en agua fría a medida que humedeces tu cuerpo. Con cada aplicación de agua fría, puede que notes que tu sistema nervioso responde con un poco de tensión. Eso es bueno.

Una vez que tu cuerpo esté mojado, el desafío consiste en dejar que tu cuerpo se seque al aire. Esto puede reducir rápidamente tu temperatura corporal, por lo que no se recomienda secarse al aire a personas que experimentan fuertes síntomas del síndrome de Raynaud. Un buen indicador de que debes evitar secarte a aire es la aparición del más mínimo síntoma del síndrome de Raynaud.

Cuando te secas al aire, probablemente notarás que los pezones se endurecen. También es normal temblar un poco, pero una vez que el estremecimiento se haga tan fuerte que tus dientes comiencen a castañetear, sécate de inmediato con una toalla, ponte la ropa y haz lo que puedas para volver a calentar tu cuerpo.

Si practicas este método durante varios meses, es probable que notes que tu cuerpo es capaz de relajarse más cuando el paño frío toca tu piel. No comenzarás a temblar tan rápido. Podrás secarte al aire durante más tiempo y tu cuerpo se calentará más rápido. ¡Todos estos son signos importantes de mejora!

Capítulo 10

Medir el Progreso

En este punto del entrenamiento, notarás poca diferencia entre lo que estamos haciendo y lo que hacen otros entusiastas del frío. Todas las formas de entrenamiento con frío pueden ser beneficiosas si se practican de manera segura. A medida que progresemos, comenzarás a ver cierta divergencia crítica en la metodología. Todas las herramientas de entrenamiento del MITM están diseñadas para ayudarnos a estar lúcidos y preparados en cada momento de nuestra vida, lo que significa tener plena consciencia meditativa en todo momento como lo haría un maestro samurái.

La Mentalidad del Samurái

Imagina que eres un guerrero samurái, cuya vida y capacidad para servir y proteger depende de tener una consciencia estable incluso bajo una tremenda presión. Supongamos que debes cruzar un río casi congelado como parte de tus obligaciones. ¿Temblarías de frío? ¿Tu respiración se volvería espasmódica? Si fueras un samurái digno de tu honor, no. Si no te hubieras entrenado adecuadamente, tendrías problemas con el río, y tu maestro, viendo tus dificultades, probablemente te retiraría de tu cargo ya que al temblar o respirar con dificultad seguramente no estarías lúcido ni serías capaz de realizar una labor adecuada.

Para enseñar al cuerpo y la mente a ser menos reactivos y menos propensos a temblar, los samuráis aplicados hacían uso del entrenamiento con frío, algunas veces bajo cascadas, pero a menudo en su casa o en los campos, con cubos de agua fría, desde que se levantaban hasta que se dormían. Su objetivo no era solo trabajar el cuerpo y la mente para ser menos propensos a temblar, sino también estar lúcidos y dispuestos, listos para la acción.

Uno de los rasgos clave de un maestro samurái era que siempre buscaba medir sus capacidades, asegurarse de su aptitud y condición actuales. Honrando esa mentalidad, te proporcionaré varias herramientas poderosas para medir tu capacidad actual y tu progreso.

Probablemente puedas identificarte con la frustración que sienten las personas cuando no son capaces de ver un progreso claro a pesar de sus esfuerzos, lo cual puede hacer que se den por vencidas más fácilmente. Si tuvieses un dispositivo de medición que te mostrara tus mejoras claramente, seguramente habría muchas más probabilidades de que continuaras con tu entrenamiento.

Lo increíble del cuerpo es que no miente. Sin importar cuán conscientes nos gustaría imaginar que somos, cuando nos ponemos bajo presión, los sistemas respiratorio y circulatorio dirán la verdad. Así que traguémonos nuestro orgullo y aprovechemos este hecho aplicando un dispositivo de medición a nuestro entrenamiento con agua fría que demostrará la capacidad de nuestro cuerpo para respirar sin problemas cuando se expone repentinamente al frío.

Medir el Progreso a través de los Sonidos Primarios

Como dije en la introducción de la Parte III, la clave para lograr progresos rápidos es imponerte el ritmo correcto como individuo. Si intentas llevar un ritmo que yo recomiende y eres una persona promedio, podría funcionarte muy bien; pero, si estás fuera de la norma, el ritmo será inadecuado para ti. En vez de intentar adecuarte a un ritmo estándar, sería mucho mejor si pudieras hallar tu propio ritmo de manera precisa.

Podemos usar los sonidos primarios para ese propósito. Esto funciona de la siguiente manera. Justo antes de entrar a la ducha, llena tus pulmones de aire y comienza a vocalizar en voz alta los sonidos primarios de "A" para lograr un punto de referencia para la estabilidad del sonido cuando no estás bajo presión. Continúa entonando el sonido hasta que tus pulmones se vacíen. Eso te dará una idea general de cuán fuerte, consistente y largo es el sonido que puedes mantener con una inhalación cuando no estás bajo presión.

Asegúrate de abrir tu boca lo suficiente para que el sonido resuene correctamente, aunque no lo grites tan alto como para molestar a tu familia. Podría ser conveniente informarles de que vas a realizar esta práctica antes de hacerla para no sorprender a nadie.

Ahora que tienes tu punto de referencia para el sonido primario, entra en la ducha, inhala de nuevo y comienza a producir el sonido. Abre el grifo de inmediato y deja que el agua caiga sobre tu cabeza, pecho y espalda, especialmente en las áreas más desafiantes.

Nota cualquier temblor en la entonación del sonido primario. Por lo general, los principiantes no pueden mantener la entonación debido a que sus pulmones se contraen demasiado como para producir un sonido sostenido. Si acabas de comenzar con las duchas de agua fría, probablemente no puedas producir el sonido bajo presión de la misma forma en que lo estabas entonando antes de meterte bajo el agua. No temas, porque ahora ya conoces tu capacidad actual en comparación con la que quieres que sea, que es exactamente como antes de empezar la ducha. De nuevo, tu respiración refleja la capacidad del cuerpo físico para mantenerse sereno y capaz bajo presión.

Sin importar cómo te haya ido la primera vez que usaste los sonidos primarios para evaluar tu capacidad, querrás mejorar. Teniendo esto en cuenta, intenta cada día producir los mismos sonidos largos usando todo tu cuerpo en la ducha fría, al igual que los produces antes de entrar en el agua.

Haciendo este ejercicio te darás cuenta de que hasta la más mínima contracción de tus pulmones puede escucharse y notarse fácilmente al entonar los sonidos. Observa también que, cuando ocurren estas contracciones, aun cuando sean pequeñas, no eres capaz de producir el sonido de manera tan firme o durante el tiempo que deseas, que cuando no estabas bajo presión.

Las personas que están más acostumbradas al frío podrían ser capaces de producir un sonido primario, pero no con la misma facilidad que antes de la ducha. Practicar los sonidos primarios con cada ducha fría durante cierto número de días, por lo general, traerá consigo una mejora evidente. Dicha mejora no se reflejará solo en tu capacidad de producir un sonido, sino en la capacidad de tu cuerpo de manejar el estrés mientras te mantienes consciente y preparado, algo que te será útil en cualquier momento de tensión en tu vida.

Después de algunas semanas, te darás cuenta de que puedes emitir un sonido perfecto de "A". El siguiente desafío sería intentar el sonido de "O". Si también puedes producir bien ese sonido, pasa al sonido de "Mmm" y observa cómo te va. Una vez que domines ese sonido, pasa al sonido de "E". Continuando de esta forma, cuando vayas dominado cada sonido, pasa al siguiente. Después de la "E" intenta los sonidos de "U" e "I" para ver cuál es el siguiente desafío. Esfuérzate a medida que vas dominando los sonidos hasta que llegues al último. Intenta dominar ese. En un par de semanas o un mes, te darás cuenta cd que puedes producir todos estos sonidos correctamente o casi correctamente mientras tomas una ducha con agua fría.

En resumen, al entonar sonidos, los cambios sutiles en la respiración se reflejan en el sonido y en la presión de las contracciones del diafragma, por lo que puedes escucharlos y sentirlos mucho más fácilmente. El sonido hace evidente lo que de otra manera estaría oculto.

Parte IV

Entrenar la Mente

Para la gran mayoría de nosotros, lo reconozcamos o no, nuestra propia mente es nuestro mayor obstáculo. Con tu entrenamiento, pronto reconocerás lo mucho que tu mente se opone a tus decisiones correctas o cuán a menudo te lleva por el mal camino de los impulsos y los comportamientos compulsivos.

Cuando de verdad prestamos atención a lo que ocurre con nuestros pensamientos y emociones, no podemos evitar admitir que efectivamente, no tenemos el control de nuestra vida. Si hacemos una lista de todas las cosas saludables que estamos decididos a hacer en nuestra vida, podremos descubrir que en realidad solo perseguimos unos cuantos de esos objetivos. Incluso lograr los objetivos de un solo día, si lo pensamos como ejemplo de lo que nos sucede, puede parecer una tarea imposible. O, viendo el problema desde otra perspectiva, podríamos crear una lista de placeres poco saludables que nos gustaría evitar, para darnos cuenta de que nuestros impulsos y comportamientos compulsivos nos conducen finalmente a caer en muchos de ellos, sino en todos.

Si nos ponemos a analizar nuestra forma de vida durante un año completo, podemos darnos cuenta de que nuestras elecciones de hábitos saludables no duraron el tiempo que esperábamos y que estamos ya muy lejos del camino que habíamos iniciado el primer día del año. Tal vez incluso ni nos molestamos en establecer más objetivos.

Somos sabios si reconocemos que estamos mucho más lejos de tener el control de nuestra vida de lo que pensamos. La pregunta es, '¿quién tiene el control entonces?'. En la parte IV comenzaremos a indagar sobre la naturaleza de aquello que toma el control cuando nosotros no lo tenemos. Durante esta investigación, descubriremos las maneras en las cuales esa fuerza se opone a nuestros objetivos y cómo navegar a través de sus intentos de resistencia. Con algunas herramientas básicas de navegación interior, podemos aconsejar a la mente para que se mueva en direcciones saludables, sin importar los pensamientos y sentimientos que la misma mente produce cuando busca evitar hacer lo que le beneficiaría, pero le resulta incómodo.

Capítulo 11

Luchar Contra el Miedo

Después de tomar duchas matutinas de agua fría durante algunos días, podrías notar un cierto grado de resistencia física o psicológica a las duchas matutinas. Para muchos principiantes de esta práctica, levantarse por la mañana trae consigo un temor inmediato a la ducha fría. Si sientes agobio y un fuerte deseo de darte la vuelta en la cama y volverte a dormir, no eres el único. De hecho, esas sensaciones son totalmente normales cuando inicias el proceso.

Para descubrir la verdadera naturaleza de estas sensaciones, intentemos cambiar un poco las cosas respecto a la ducha con agua fría, concretamente el horario. Durante los siguientes días, date tu ducha de agua fría en el momento del día en el que tengas tu mayor nivel de energía. Para descubrir en qué momento tienes más energía, piensa en el momento del día en el que por lo general te mueves más y en el que te gusta estar más activo.

Nota el grado de resistencia física y mental que experimentas antes de abrir el grifo. Observa también el nivel de incomodidad que sientes en la ducha y la cantidad de tiempo que eres capaz de permanecer bajo el agua fría, en comparación con los días en que te has dado una ducha de agua fría justo tras levantarte.

Lo que seguramente notarás es que cuando tu cuerpo está lleno de energía, sientes menos resistencia a la ducha fría. La experiencia es menos brusca y eres capaz de permanecer más tiempo bajo el agua fría. Este experimento demuestra que cuando tienes energía, te sientes más motivado y, por lo tanto, estás mucho más dispuesto a afrontar los desafíos incómodos. Por el contrario, cuando tu cuerpo está en un estado de baja energía, te sientes menos motivado y es más probable que experimentes altos niveles de resistencia física y psicológica.

Para dar otro ejemplo sobre esto, intentemos otro experimento, pero esta vez a primera hora de la mañana. Levántate, ve al baño y llena la bañera con agua caliente a tu gusto. Utiliza el servicio y, cuando la bañera esté llena, quítate la ropa y métete. Quédate en el agua caliente entre cinco y diez minutos para elevar la temperatura interior de tu cuerpo.

Una vez que tu cuerpo esté cargado de calor, vacía el agua y ponte de pie bajo la ducha. Deja correr el agua fría y observa cómo reacciona tu cuerpo. Apuesto a que esta ducha fría te resulta mucho más fácil de lo que imaginabas. La pregunta es, '¿por qué?'

Podemos ver el cuerpo como una batería recargable. Cuando el cuerpo está lleno de energía, es más capaz de manejar la presión con elegancia. Cuando la batería está baja, el cuerpo se siente débil y delicado e instintivamente intentará evitar presiones. Las emociones negativas que muchos sentimos a causa del momento presente, a menudo pueden desterrarse simplemente fortaleciendo el cuerpo de maneras específicas.

Al tonificar el sistema nervioso, fortalecer los músculos del sistema circulatorio, estimular la generación de células más saludables y crear cambios positivos en el cerebro a través de la plasticidad neuronal, acabaremos teniendo más energía y siendo más capaces de hacer frente a una presión intensa sin titubear. Evidentemente, nuestra batería se habrá hecho más grande y más eficiente.

Esto nos lleva de vuelta al experimento de la bañera caliente. Cuando cargas tu cuerpo con agua caliente, el calor actúa como una especie de aislante del frío. Si te quedaras el tiempo suficiente en el frío, tu cuerpo perdería ese calor extra y tu temperatura interna comenzaría a bajar hasta que tu cuerpo cayera en la hipotermia.

La lección principal es que, sin importar lo fuerte que sea la batería del cuerpo, su tolerancia siempre tendrá límites, por lo que debemos explorar con cuidado los límites del cuerpo. Al inicio de la práctica, la energía del cuerpo puede ser baja en comparación con el potencial que puede lograrse a través del entrenamiento diario.

Volviendo a la vida cotidiana, si te centras en los momentos en que te sientes frustrado, notarás que por lo general suceden cuando tienes un poco de hambre o estás cansado, es decir, cuando tienes baja energía. Teniendo eso en cuenta, una de las maneras más efectivas de reducir las emociones negativas y los consiguientes conflictos en tus relaciones es fortalecer la energía del cuerpo.

Por supuesto, aunque te entrenes para tener más energía, experimentarás los episodios de resistencia que crea tu mente de vez en cuando. Desde luego esto me ocurre a mí. No obstante, el proceso de resistencia de la mente puede ser nuestro aliado, ya que nos ayuda a ser conscientes de nuestra energía.

Lo primero que hay que detectar cuando surge resistencia es la narrativa mental que viene con ella. "Odio estas duchas frías. No quiero entrar ahí". Y luego otra voz dice, "Sí, pero sé qué es bueno para mí. Tengo que entrar". A esta voz sigue otra que dice, "Ya, pero tal vez podría descansar hoy y hacerlo mañana..."

Observa cómo una fuerza interior desea hacer lo que es saludable y otra fuerza interior parece tener el objetivo de evitar la incomodidad. Cuando comenzamos a observar con detenimiento las fuerzas internas, nos damos cuenta de que existen muchas de ellas--en realidad nuestro interior es un caos. Podemos observar con más detalle; debemos procurar observar qué fuerzas prediquen nuestras acciones o falta de acciones, ya que dichas fuerzas representan nuestros patrones más profundos, muchos de los cuales podríamos necesitar suavizar si queremos progresar realmente.

Cada una de estas fuerzas existe porque, de un modo u otro, ha sido protegida. Por ejemplo, si protegemos la fuerza que dice "En vez de hacerlo hoy, lo dejaré para mañana", pronto descubriremos que ese mañana en el que llevamos nuestras tareas al día cada vez parece más lejano y que no estamos poniéndonos retos saludables. Y, cuanto más nos comprometamos con los desafíos, menos poder tendrá sobre nosotros la fuerza que opone resistencia.

Sin embargo, al principio, la fuerza que se resiste peleará hasta la muerte. Y luchará y luchará y luchará hasta que ya no tenga energía. Si permitimos que el apego de la mente a la inercia de la comodidad domine nuestras decisiones y acciones, es muy probable que acabemos sintiendo culpa y perdiendo el respeto por nosotros mismos posteriormente. La culpa es un ataque al "yo" y no sirve de nada. O, en vez de a la culpa, algunas personas hacen responsable al sistema de entrenamiento y dicen " ¿Qué clase de idiota cree que torturarse a uno mismo con agua fría es una estrategia viable para mejorar su vida?"

De acuerdo, tal vez no has tenido ese pensamiento en particular, pero existe la posibilidad de que tu mente albergue una narrativa poco beneficiosa que te critique a ti o al método entrenamiento. Lo primero que hay que saber es que la resistencia que sientes no está mal, pero tampoco está bien. Si experimentamos una oposición intensa, no es nada útil negar lo que en realidad está ocurriendo. No estamos intentando realizar una acción de manera "perfecta" al primer intento; estamos desarrollando la consciencia a través del estudio autodidacta. Los términos de bueno y malo tienen poco que ver con la resistencia. Prepárate, sin recriminártelo, para observar lo que ocurre en tu cuerpo y mente. Y luego simplemente continúa.

El entrenamiento del MITM no tiene el simple objetivo de que seas capaz de soportar el frío con elegancia, sino de que seas capaz de moverte con elegancia entre la miríada de fuerzas de escasa utilidad que se manifiestan en nuestro interior y a nuestro alrededor todos los días. La sencilla experiencia de darse una ducha fría voluntariamente cada mañana, aunque nos haga pasar un mal momento, es útil. Igualmente, es útil vadear las múltiples resistencias que tu cuerpo y tu mente convocan contra la práctica. Todo esto es un entrenamiento vital que mejora enormemente la calidad de tu vida, permitiéndote lograr una consciencia inquebrantable mientras te mueves entre todas las formas en las que se manifiestan las dificultades de la vida cotidiana.

Aunque cuesta tiempo actuar con dicha elegancia bajo presión, con la práctica la resistencia se debilita. A medida que la resistencia se debilita, la fuerza positiva de la consciencia se fortalece dentro de nosotros, haciendo que nos sea mucho más fácil enfrentarnos a los desafíos que, a su vez, nos ayudarán a aumentar aún más nuestro bienestar y nuestra consciencia. La expresión "la miríada de fuerzas en nuestro interior" puede parecernos un poco esotérico u oscuro a primera vista, pero refleja con precisión lo que realmente sucede en nuestro cerebro constantemente.

Cada una de las múltiples fuerzas que acabo de mencionar representa rutas neurales distintas, aunque posiblemente conectadas entre sí, cuyas conexiones se asocian con nuestro patrón de vida. Cuanto más alimentemos una ruta neural al estar de acuerdo con ella y ejercitarla, más nutrientes proporciona el cerebro a dicha ruta. Por el contrario, cuanto menos usemos esa ruta neural, más recursos elimina el cerebro de dicha ruta para asignarlos a otras rutas que se
 utilicen más.

La manera principal en la que reforzamos una fuerza interna es identificándonos con esa fuerza. Por ejemplo, cuando te preparas para entrar en la ducha y hay una voz en tu cabeza que dice, "En vez de hacerlo hoy, lo dejaré para mañana", podrías asumir que esa voz es la tuya. Si intentaras explicar el fenómeno a un amigo, le dirías, "Pensaba darme mi ducha de agua fría, pero justo cuando estaba a punto de quitarme la ropa, pensé 'No tengo ganas de darme la ducha esta mañana, ya lo haré mañana".

En el momento en que crees que los pensamientos y emociones que experimentas provienen de ti mismo, refuerzas esas rutas neurales dándoles el nutriente vital de la identidad. En su lugar, sé curioso. Realiza un experimento: ¿Qué pasa si en vez de identificarte con pensamientos y sentimientos, simplemente observas los pensamientos y sentimientos que el cerebro continuamente le ofrece a tu atención? Esos pensamientos y sentimientos solamente representan las rutas neurales existentes de hábitos mentales/emocionales. No son tú.

Una manera efectiva de recorrer esos patrones neurales resistentes o ese apego a comportamientos poco útiles es darte cuenta de que simplemente son hábitos del cerebro que pueden cambiar con una consciencia persistente. Ninguna de esas fuerzas representa tu esencia fundamental, que existía antes de que esas fuerzas se desarrollaran.

Con el tiempo, te darás cuenta de que desvincularte de ciertos pensamientos y emociones es extremadamente útil. Dicho esto, la mayoría de nosotros, aun cuando no nos identificamos conscientemente con pensamientos y sentimientos poco útiles, sucumbimos algunas veces a su influencia.

Capítulo 12

Ser Consejero de tu Propia Mente

Los pensamientos y los sentimientos que oponen resistencia pueden ser muy persistentes. Para superarlos con éxito, no debemos evitar, negar o entrar en una lucha con dichos pensamientos y sentimientos. El deseo de evitar, negar o luchar representa una reacción del sistema nervioso simpático, conocida como la reacción de 'lucha o huida'. En su lugar, buscamos una manera de estudiar nuestro funcionamiento interno y de mejorar nuestras respuestas sin dirigir pensamientos desagradables hacia nosotros mismos.

La reacción de 'lucha o huida' es una respuesta defensiva del sistema nervioso periférico, que coincide con un estado de ondas cerebrales beta, el cual representa una desconexión de la consciencia. La desconexión es la antítesis de la meditación y la consciencia. La reacción de 'lucha o huida' desencadena ansiedad, altera la respiración y causa inflamación en el cuerpo, lo cual hará aún más difícil tu ducha de agua fría y tus experiencias en la vida cotidiana.

La respuesta de 'lucha o huida' nos aleja de la consciencia primaria. En vez de luchar, negar o evitar los pensamientos y sentimientos, debemos mitigarlos. El secreto para mitigarlos es enfrentar los desafíos que sepas que realmente puedes superar hoy, en vez de posponerlos para mañana, ya que es muy probable que mañana digas lo mismo. Así es como mitigas la resistencia interna.

Cuando identifiques tu narrativa interna, observa si esa voz parece la tuya. Si parece tu voz, significa que estás identificado con esos pensamientos y emociones, lo cual quiere decir que piensas que forman parte de tu esencia. Haz una pausa, relájate y aclara completamente tu mente.

Una vez que estés relajado y despejado, intenta utilizar el método del lavabo que aprendiste en el Capítulo 8. Te darás cuenta de que eres capaz de usar este método, ya que es una versión más sencilla que la amenaza que representa la ducha de agua fría, a la cual esa fuerza interna se resiste tanto.

Una vez que tu nervio vago esté estimulado después de realizar el método del lavabo, considera de nuevo la ducha. ¿Estarías dispuesto a mojarte los pies? En este punto, es probable que sí, ya que tu cuerpo se siente un poco mejor debido a la estimulación del nervio vago. Métete en la ducha y mójate los pies sin pensarlo demasiado.

Siente cómo cae el agua fría de la ducha sobre tus pies y luego pregúntate si podrías intentar dirigir el agua a la parte inferior de tus piernas. Es muy probable que puedas hacerlo. Ahora prueba en la parte superior de tus piernas. Continúa hasta que finalmente llegues a un punto en el que ya no quieras seguir avanzando. La mayoría de las personas se darán cuenta de que pueden llegar hasta el final una vez que han iniciado el proceso. Si llegas a un punto que te parece una barrera impenetrable, detente, sal de la ducha y dala por concluida. Al día siguiente, haz lo mismo y observa hasta dónde puedes llegar. Es probable que en el lapso de una semana o dos puedas darte la ducha completa casi sin experimentar resistencia de la voz interna.

El siguiente paso para lidiar con la poco productiva fuerza interna es ver si ahora eres capaz de entrar directamente a la ducha y acelerar el proceso de exposición al agua fría haciendo que sea un proceso continuo en vez de un proceso en varios pasos. Por ejemplo, puedes dirigir el agua hacia tus pies y, sin detenerte, ir dirigiendo el agua lentamente hacia arriba, hacia el abdomen y luego hacia tus brazos y pecho. Tal vez te detengas antes de llegar a la cabeza. Eso es un buen progreso. Siéntete agradecido. Inténtalo de nuevo al día siguiente. En poco tiempo serás capaz de meterte completamente al agua.

Siendo persistente durante varios días o semanas, solo te costará de 10 a 20 segundos dirigir el agua a tu cabeza. Una vez que llegues a ese punto, el siguiente paso es ver cuánto tiempo puedes mantenerte bajo el agua fría, siendo consciente de no exceder tu capacidad actual. Detente cuando la resistencia sea demasiado fuerte. Eventualmente, dejarás atrás los incrementos graduales. Simplemente entrarás con total resolución a la ducha, abrirás el agua fría instantáneamente, te pondrás debajo del agua y lo disfrutarás.

El secreto de los incrementos graduales consiste en tomar primero un poco de impulso hacia la dirección adecuada haciendo lo que sabes que puedes hacer en este momento. Una vez que hayas dado el paso inicial, observa qué más estás dispuesto a hacer. A menudo, si comienzas con algo pequeño, descubrirás que eres capaz de hacer mucho más de lo que creías al inicio. La razón de esto es que, a medida que avanzas, no alimentas ni luchas contra el pensamiento de resistencia, permitiendo que tu cuerpo y tu cerebro se adapten paso a paso. A medida que se adaptan, también lo hace la actitud.

Lo maravilloso de esta estrategia contra la resistencia es que también funciona bien como estrategia para guiar a niños difíciles. Si le dices a un niño rebelde que haga sus tareas, puede que te ignore y simplemente no las haga. Pero si le dices, "tienes dos opciones, sacar la basura o lavar los platos, elige", lo más probable es que no oponga resistencia, ya que la oportunidad de elegir le llena de confianza.

Ofrecer una elección dirigida te sitúa a ti en una posición de mentor y al niño en una posición en la que siente que le has dado la confianza de elegir. Con el tiempo, este proceso ayuda a un niño rebelde a construir las rutas neurales del respeto, la cooperación, la buena comunicación y la responsabilidad. Lo mismo se logra ofreciéndole a tu cuerpo la opción de elegir con respecto a la ducha fría o de cualquier otro desafío, en realidad. Cuando se da confianza al cuerpo, se convierte en tu aliado. A veces, la manera más rápida es el camino más largo.

Capítulo 13

Ser Consejero de Tu Propio Cuerpo

Como hemos visto, el entrenamiento con duchas de agua fría provocará fuerzas internas de oposición. Para progresar con tu entrenamiento y mejorar tu calidad de vida, es extremadamente útil conocer las diferentes formas de resistencia que podrías experimentar. Todos experimentamos resistencia, así que no te desanimes en lo más mínimo cuando ocurra, ya que sentirse mal por esto no ayuda. Es natural sentir resistencia cuando rompemos viejos patrones poco saludables y forjamos nuevos patrones saludables.

Para familiarizarte con las fuerzas que oponen resistencia, a medida que avanzas con tu entrenamiento de duchas de agua fría, observa tanto tu narrativa interna como las sensaciones de tu cuerpo, ya que no todas las resistencias se manifiestan en forma de narrativa. A veces no existe ningún diálogo interno, pero sentimos resistencia física, de forma similar a la resistencia que muestra tu perro a entrar a la bañera si no está acostumbrado a que lo bañen.

Una manera sencilla de entender a lo que me refiero con resistencia física es recordar cuando eras niño y tratabas por primera vez de hacer algo que te daba miedo. A continuación, te voy a contar un vívido recuerdo de mi niñez, del cual aún sigo aprendiendo lecciones. Tal vez te sientas identificado.

Cuando era niño y vivía en el campo, los chicos del vecindario se solían reunir en un pequeño arroyo cercano. Los niños más mayores saltaban el arroyo en cierto lugar, pero yo siempre tenía miedo de hacerlo. Incluso cuando estaba determinado a saltar y corría hacia el arroyo, mi cuerpo se detenía en el último momento. Había un diálogo interno antes de iniciar la carrera ("¿Y si no lo logro?") y otra vez después de la inútil carrera ("Soy un cobarde"), pero nunca durante el movimiento. En el último momento, mi cuerpo se paralizaba, por muy decidido a saltar que yo estuviera. El propio cuerpo parecía temeroso de realizar el salto.

Recuerdo claramente que a esa edad hice un experimento relacionado con el salto del arroyo. Medí el ancho del arroyo con un palo largo y luego marqué el ancho en el suelo utilizando dos palos. Tomé distancia y salté con toda seguridad sobre el espacio marcado en el suelo varias veces. Después de ese experimento, supe con certeza que era capaz de saltar el arroyo, pero aun así mi cuerpo se detenía en la orilla del arroyo. El miedo controlaba mi cuerpo y necesitaba encontrar una manera de superarlo para que los niños mayores dejaran de burlarse de mí.

Al final logré realizar el salto, pero la forma en que lo logré fue dirigiéndome a un área más angosta del arroyo que no era un reto para los niños mayores, pero sí para mí. Me di cuenta de que mi cuerpo podía saltar en ese lugar sin mucha resistencia. De hecho, disfrutaba mucho la emoción que me provocaba. Ese fue mi punto de partida y a partir de ahí comencé a progresar; en unos cuantos días ya saltaba la zona en la que mi cuerpo se resistía inicialmente.

Todos tenemos cosas a las que nos resistimos. A veces necesitamos trabajar para poder superar un desafío. El tiempo que nos cueste enfrentarnos a un desafío no es tan importante como el progresar de manera constante a medida que trabajamos hacia el cumplimiento del objetivo.

En última instancia, mediante un entrenamiento serio, creamos una alianza interna de fuerzas, de tal forma que cuando tenemos un objetivo saludable, nuestro cuerpo estará dispuesto a trabajar para alcanzarlo, sin oponer resistencia. Cuando eso ocurre, experimentamos una increíble lucidez y sabemos que hemos establecido una alianza de confianza con nuestro cuerpo. Así, nuestro cuerpo seguirá nuestros sabios objetivos, aunque el camino sea desagradable o incómodo.

De nuevo, no te preocupes en lo más mínimo si te cuesta mucho tiempo llegar a darte una simple ducha de agua fría sin oponer resistencia. Reconoce que cada uno de los pequeños pasos que diste a lo largo del camino fueron un desafío para tu cuerpo, estimularon tu nervio vago, fortalecieron los músculos de tus paredes vasculares y arteriales y formaron células más saludables con más mitocondrias. ¡Todo esto al tiempo que tu cerebro se reestructuraba para tener un mayor nivel de consciencia!

Incluso con un método gradual, algunas personas pueden experimentar tal resistencia que ciertos días ni siquiera pueden realizar el método del lavabo. Para esas personas existe un método aún más gradual, que por lo general no recomiendo para adultos sanos. Ese método consiste en entrar en la ducha con la intención de usar primero agua tibia y poco a poco abrir el agua fría mientras te adaptas tanto física como mentalmente durante la sesión. Con el tiempo, serás capaz de darte duchas cada vez más frías.

Si no tienes narrativas mentales de resistencia, pero tu cuerpo está inquieto o reticente a la ducha fría, puedes hacerlo en pasos, exactamente como hiciste con la narrativa de resistencia. Los signos de inquietud pueden manifestarse en un lenguaje corporal de rechazo. Puede que notes que tu cuerpo simplemente no parece querer enfrentarse a la ducha y este sentimiento puede presentarse nada más despertarte por la mañana. Tal vez tu mente siente cierto miedo o temor, que se refleja en un deseo de evitar esta situación, como querer volver a dormir o tal vez desear cambiar la rutina matutina para postergar la ducha. Por ejemplo, en vez de dirigirte directamente al baño después de despertarte, te vas a la cocina a prepararte una taza de té o café. Todas estas son tácticas para postergar lo que sabes que es útil pero incómodo.

Cuando notas sensaciones de evasión o inquietud, sin importar lo pequeños que sean los síntomas, e incluso si no existen narrativas mentales, tienes dos opciones productivas. Primero, simplemente experimenta la sensación durante un momento para percatarte de su presencia, luego despeja tu mente y medita un poco para tranquilizar tu consciencia. Para lograr esta consciencia tranquila, puedes usar la respiración vaga como se describe en el Capítulo 2. Una vez que estés tranquilo y tu conciencia esté centrada, ponte en contacto con la energía o fuerza dentro de ti que siente amor incondicional y quiere que te hagas más fuerte, más saludable y más consciente. Esa fuerza es muy distinta de la fuerza que busca principalmente placer y comodidad.

Una vez que hayas contactado con la fuerza benevolente en tu interior, pregúntate si darte una ducha de agua fría es mejor para ti que no hacerlo. Si estás inmerso en la fuerza benevolente, que intenta que alcances tu potencial como ser humano, sabrás si estás inconscientemente tratando de escapar de la incomodidad o si existe una razón válida para evitar o postergar la ducha ese día.

Algunos días te sentirás incapaz de contactar con la energía que te ama. A veces, incluso cuando logras hacer esa conexión consciente, no puedes aliviar el sentimiento de evasión. De hecho, esto me ocurrió exactamente la mañana en que escribí esta frase. Desperté y no me sentía muy bien físicamente. Mi cuerpo se sentía débil, frágil y apagado.

Hice meditación para obtener lucidez, pero aún sentía la renuencia. Sabía que, si en realidad tuviera que hacerlo, podría entrar en un río gélido y seguir estando consciente, pero considerando que no había necesidad alguna, por el bien de mi salud física, evitar la ducha me parecía lo más correcto.

Cada mañana, imparto sesiones diarias de meditación guiada con el MITM por internet a miles de personas durante 15 minutos. Se acercaba la hora de la sesión, así que decidí posponer la ducha y observar cómo se sentía mi cuerpo después de la sesión.

Tras terminar la sesión, me senté en un estado meditativo, sintiendo aún la renuencia. Me di cuenta de que tendría que encontrar un método más agradable si quería lograr que mi cuerpo tomara la ducha de agua fría ese día. Mi regla general es no forzar a mi cuerpo a hacer cosas, especialmente si no se encuentra bien de salud. Forzarlo pondría en entredicho la confianza, y eventualmente, podría conducir a una mayor resistencia corporal en otras áreas de mi vida. La confianza no debe traicionarse.

Probé varios métodos graduales para ver cómo se sentía mi cuerpo con cada uno. Método de abajo hacia arriba—no. Método de del lavabo—no. Método gradual de caliente a frío—tampoco.

Nunca antes había necesitado un método que fuera más gradual que las opciones que he mencionado anteriormente. Claramente, ese día mi cuerpo necesitaba algo aún más suave.

Al instante siguiente vino a mi mente una imagen en la que llenaba la bañera con agua caliente y luego comenzaba a ducharme con agua caliente que, de manera gradual, iría pasando a fría. La resistencia desapareció.

Sin importar cuánto tiempo hayas practicado y sin importar lo saludable que por lo general sean tu cuerpo y tu mente, podría haber días en los que el cuerpo no se siente lo suficientemente bien como para enfrentarse al frío. Obligarlo a ello en esos días podría llevar al límite al ya estresado sistema inmune, causando alguna enfermedad.

En días como esos, en vez de presionar al cuerpo, intenta combinar los diferentes métodos graduales para ver que está dispuesto a hacer tu cuerpo. Por ejemplo, en mi caso, cuando pensé en el método correcto, mi cuerpo se deshizo de la renuencia, pudo entrar con facilidad en la ducha y disfrutar de ella. Después de terminar la ducha, mi cuerpo se sentía muchísimo mejor. Un día en que el letargo probablemente iba a ser responsable de una muy baja o nula productividad, se convirtió en un día de escritura altamente productivo. Sé creativo y negocia para descubrir lo que tu cuerpo es capaz de hacer cuando las opciones habituales le provocan demasiada resistencia. Al hacerlo, seguramente encontrarás una forma para salir adelante.

Capítulo 14

El Poder de un Aliento

La sala de enseñanza (dojo) de mi maestro en Japón se llama Ikkokukan, lo cual se traduce al inglés como "la escuela de un aliento". Cuando comencé a entrenar allí, no me fijé demasiado en el nombre, ya que simplemente estaba interesado en el entrenamiento técnico. Ya avanzado mi entrenamiento, le pregunté a mi maestro sobre el nombre.

Resulta que tenía muchas razones de peso para haber elegido el nombre de Ikkokukan. Entre ellas, una es clave para el tipo de entrenamiento del que habla este libro. Me gustaría compartir contigo dicho significado.

Mi maestro eligió el nombre porque le recordaba que la vida no reside en el pasado o en el futuro, sino más bien en un solo aliento prestado, que es el que experimentamos en este preciso momento. Nuestra vida física termina con una exhalación final. Él sentía que el nombre representaba la esencia de las artes marciales, la cual se revela a través de una plena consciencia presente.

Sus palabras me recordaron la enseñanza de Bushido, el código del guerrero, con respecto a la toma de decisiones. La idea básica es que cuando nos marcamos un objetivo o tomamos una decisión, debemos realizar inmediatamente una acción positiva para que esa meta o decisión se abra al mundo. La distancia entre una decisión y la acción no debe ser mayor de un aliento. Si una persona pospone la acción más allá del tiempo que tarda en realizar una sola respiración, esto suele indicar que no llegará a realizar ninguna acción productiva.

Comencé a reflexionar sobre mi historial de establecimiento de objetivos y me di cuenta de que tenía un buen registro en el cumplimiento de los objetivos que me había puesto, por lo que pensé que algo bien debería estar haciendo. Sin darme cuenta, estaba siguiendo el principio de 'un aliento' en mi vida diaria, al realizar acciones inmediatas de manera consistente sobre mis decisiones, por lo general anotándolas en una libreta de bolsillo que siempre llevaba conmigo.

Lo que ocurría era lo siguiente: surgía en mí un destello de inspiración, a menudo durante mi ocupada jornada de trabajo. Ya que me preocupaba no poder recordar esa idea al final del día, comencé a llevar una libreta de bolsillo y un bolígrafo conmigo a donde quiera que fuese.

En su mayoría, tomaba notas sobre mi práctica de artes marciales y sobre los experimentos que quería realizar en mis estudios marciales. Cuando surgía una idea, si me era posible, inmediatamente dejaba lo que estaba haciendo un momento y escribía un par de palabras que me recordaran la idea posteriormente cuando volviera a revisar mi libreta. Más tarde, por lo general cuando estaba en el tren, escribía más detalles si era necesario, para que cuando leyera el pasaje la próxima vez, supiera lo que había querido decir.

Cada cierto tiempo revisaba mis viejas libretas y analizaba los objetivos que estaban anotados, asombrándome de cuánto progreso había realizado. No había caído en la cuenta de que escribir tan solo un par de palabras pudiera ayudar a lanzar la idea al mundo, pero en retrospectiva, siento que esas notas hacían precisamente eso. Anotar la inspiración que surgía del subconsciente parecía alinear mi mente consciente con la mente subconsciente, preparando a todo mi cuerpo para seguir ese mismo camino.

Si te sientes incapaz de anotar algo inmediatamente, recuerda que la clave del principio de 'un aliento' es realizar una acción positiva hacia la decisión tan pronto como se toma dicha decisión. Eso significa que podrías llevar a cabo una acción positiva con el simple hecho de prepararte a escribir.

Por ejemplo, cuando era profesor de escuela secundaria, a menudo se me ocurría una idea mientras estaba dando una clase. Si no me era posible anotarla en ese momento, simplemente sacaba mi libreta y la sostenía en la mano o la colocaba en el escritorio como un mensaje hacia mí mismo para no olvidarme de escribir en la siguiente oportunidad que tuviera. Tan solo con sacar la libreta era suficiente para asegurar que iba a escribir la idea para tener la posibilidad de darle seguimiento y complementarla más adelante.

El Poder de un Aliento

Desde luego, algunas personas le tienen mucha aversión a escribir. Si tú eres de esas personas, graba tus ideas usando un teléfono inteligente o una grabadora de bolsillo. La clave es actuar de inmediato. Una acción inmediata debilita rápidamente el hábito de dejar las cosas para después y te conducirá a una vida más comprometida.

Seguramente te preguntarás cómo funciona la teoría de 'un aliento' con el tipo de entrenamiento que describe este libro. Como probablemente has experimentado en tu entrenamiento diario con las duchas de agua fría, tu mente pondrá en marcha todo tipo de tácticas para prolongar el tiempo entre el momento de pensar en ducharte y el momento real de darte la ducha. Si observas tu vida, te darás cuenta de que utilizas estas mismas tácticas de evasión o de dilación cuando consideras hacer algo beneficioso que desafía fuertemente tu zona de confort.

Puesto que dichos cambios saludables tienen el potencial de transformar tu vida, encontrar la capacidad de establecer un objetivo y trabajar en él sin postergarlo es crucial para esa transformación potencial. A medida que vas abriendo puertas internas con esa llave mágica una y otra vez, se crea una inercia psicológica que te facilitará tomar acciones más importantes y aún más beneficiosas posteriormente.

Por ejemplo, imaginemos que quieres invitar a cierta persona a salir, pero eso te pone extremadamente nervioso. Pensar más en ello solo causará más ansiedad. Sería mejor dirigirte inmediatamente a la persona con sinceridad, diciéndole algo como, "Me pongo muy nervioso al hablar contigo, pero me encantaría conocerte mejor. ¿Te gustaría tomar una taza de té conmigo después del trabajo?"

Salvo que esa persona sea extremadamente desagradable o narcisista, al menos respetará tu honestidad porque todos sabemos lo incómodo que puede resultar invitar a alguien a salir. La sinceridad es agradable y facilitará las cosas con la mayoría de personas.

Si estás en la cita y no sabes qué decir, en vez de decir cualquier tontería por no saber de qué hablar, simplemente podrías decir, "En realidad no sé qué decir, pero me gustaría conocerte mejor. Me pregunto si alguna vez te has sentido así." Todo el mundo se ha sentido así alguna vez en su vida. Al mostrar tus sentimientos honestamente has demostrado valentía, mientras que simultáneamente creas la oportunidad perfecta para que la persona se abra y te hable sobre alguna vez en la que sintió esa incomodidad, al igual que tú. Con eso, ya os estaréis conociendo como por arte de magia.

Todo lo que tienes es un solo aliento. En realidad, ni siquiera tienes tanto, porque tu aliento es prestado. Si vas a hacer algo útil en la vida, tendrás que pasar a la acción con ese único aliento prestado. Esperar más allá de ese único aliento es desaprovechar la vida.

Parte V

Entrenamiento de Meditación

Puesto que nuestro objetivo es incrementar cada vez más la consciencia en nuestra vida cotidiana, es esencial que aprendamos una forma de meditación que se integre bien con nuestras actividades diarias y que pueda soportar la presión de nuestro entrenamiento. En última instancia, nuestro objetivo es incorporar los principios de la meditación, cuyo resultado es la consciencia inquebrantable.

Es fácil asumir que los desafíos a la meditación y la conciencia son meramente mentales y emocionales, pero cuando comenzamos a poner a prueba nuestras capacidades de meditación bajo presión, rápidamente descubrimos que cuellos de botella mentales y emocionales son solo una pequeña parte del desafío real. El hecho es que una porción considerable de nuestros desafíos a los que nos enfrentamos en nuestro camino meditativo se relacionan con nuestra salud física, en particular con el sistema nervioso simpático. Para incorporar la consciencia meditativa, necesitamos comprender las restricciones físicas que puedan causar que el sistema nervioso simpático cambie al modo de 'lucha o huida'. Cuando el sistema nervioso simpático está a cargo, la consciencia meditativa está muy alejada de nuestro control.

Puesto que la meditación tradicional se centra en crear una situación de meditación ideal, dichos métodos rara vez desafían nuestras limitaciones físicas. Para dominar cualquier cosa, necesitamos sentirnos incómodos, de manera consciente, en nuestro esfuerzo por sobrepasar el alcance de nuestra capacidad actual. Para desarrollar las capacidades del cuerpo físico, necesitamos afrontar desafíos físicos durante la meditación.

Por supuesto, las primeras veces que meditemos es lógico limitar el desafío un poco porque simplemente sentarse y no hacer nada mientras estamos en vigilia es desafío suficiente. Por consiguiente, después de algunas sesiones de meditación básica, necesitamos comenzar a incrementar el desafío. Si no lo hacemos, no estaremos entendiendo el objetivo de la práctica.

El no desafiar progresivamente nuestras capacidades disminuye nuestras probabilidades de incorporar la consciencia meditativa, ya que las creencias limitantes pueden dejarnos estancados en una meditación sedentaria. Por ejemplo, mientras asumamos que no podemos movernos o hablar durante la meditación, nunca podremos dejar atrás esa creencia limitante. Estar sumamente cómodos nos hace débiles en todas las formas, por lo que lo mejor que podemos hacer es desafiar nuestra capacidad de meditar en situaciones incómodas. En la Parte V, vamos a desafiar nuestra consciencia tratando de mantener la consciencia meditativa durante la incomodidad, usando varias actividades y juegos que nos ayudarán a incorporar la consciencia en nuestra vida cotidiana activa.

Capítulo 15

Meditación Básica con el MITM

Después de entrenar durante algunas semanas o hasta un mes con las duchas frías diarias, probablemente hayas descubierto que eres capaz de producir todos los sonidos primarios A, I, U, E, O, M y N, sin mucha dificultad. Puede que todavía experimentes algunas pequeñas contracciones pulmonares, pero ya puedes producir todos los sonidos razonablemente bien.

Una vez que llegues a ese punto, es el momento de comenzar una poderosa práctica de meditación que pueda integrarse bien en nuestra vida cotidiana. Sin embargo, antes de llegar a eso, necesitamos una comprensión básica de lo que es la meditación y por qué es diferente de tu estado mental habitual.

El cerebro emite distintas ondas cerebrales que representan estados del sistema nervioso. Los estados que experimentamos más a menudo son beta, alfa, theta y delta. Dos de esos estados se dan principalmente durante el sueño, a saber, theta y delta. Otro estado, gamma, aparece principalmente en meditadores avanzados.

Durante nuestra vida cotidiana, el cerebro suele encontrarse en dos estados primarios de ondas cerebrales. El estado experimentado en un determinado momento depende del estado psicológico de la persona y de la actividad que esté realizando. Voy a explicar el estado de mayor concentración porque es el que las personas experimentan más durante el día en el mundo moderno. Una vez que tengamos una comprensión de ese estado de concentración, lo usaremos como base para explicar los otros estados.

Si alguna vez has observado un gato acechando a un ratón, habrás notado que todo el cuerpo del gato está enfocado en su presa. Durante ese tiempo, la atención del gato se centra exclusivamente en la presa. Contrariamente a lo que podríamos asumir, durante su acecho, el gato, como todos los depredadores, es completamente vulnerable. Mientras acechan, los depredadores están tan presentes en esa actividad que se encuentran casi completamente ajenos a todo lo demás que ocurre a su alrededor. Si esperas hasta que el gato esté verdaderamente enfocado en el acecho, siempre y cuando no hagas ruido, puedes llegar hasta él por detrás y tocarlo antes de que se dé cuenta de que estabas ahí. Advertencia: el gato se alegrará demasiado de que hagas esto.

Si te fijas en tu propia vida, cuando trabajas para llegar a una meta, puedes frustrarte o decepcionarte cuando cualquier cosa o persona se interpone en tu camino. La frustración surge porque tu mente se ha centrado tanto que ha dejado todo lo demás de lado, como si fueses un depredador acechando una presa. En dichos momentos, cualquier cosa o persona que nos interrumpa es interpretada instantáneamente como un obstáculo. Si dejamos que se exprese la emoción inicial, podríamos decir o hacer algo inapropiado.

El estado cerebral de depredación se representa con la onda beta. En general, los humanos modernos no comprendemos lo que significa acechar un animal, pero nos resulta muy familiar la sensación de centrar nuestra atención en una tarea específica, mientras dejamos todo lo demás de lado.

Las ondas beta nos ayudan a concentrarnos, pero no es saludable permanecer mucho tiempo en este estado. Ciertamente no debería ser el modo por defecto en el cual vivamos nuestra vida. Sin embargo, debido a nuestro frenético estilo de vida, beta se ha convertido en el estado de ondas cerebrales por defecto de nuestro día a día porque se nos enseña desde la niñez a prestar atención y a centrarnos, dejando de lado todo lo demás, durante largos periodos de tiempo.

Mantener las ondas beta durante demasiado tiempo conduce a ansiedad y a la respuesta de 'lucha o huida', que también está relacionada con las ondas cerebrales beta. Cuando se manifiesta la respuesta de 'lucha o huida', tu cuerpo experimenta un tipo de ansiedad similar a la que experimenta una criatura como un ratón cuando percibe el aroma de un gato en el aire. Aunque la ansiedad que sentimos no es tan intensa y aguda como la de un ratón que huele un gato, esta exige mucho al cuerpo y al cerebro.

Cuando sentimos ansiedad y estrés, nuestro sistema nervioso se encuentra en modo de presa, en un estado de ondas beta, que resulta altamente perjudicial si se mantiene durante un tiempo prolongado. En la actualidad, un gran porcentaje de las personas viven en un estado de ansiedad crónica casi constante que, con el tiempo, puede provocar dolor inflamatorio, enfermedades y depresión.

Los seres humanos, como otros animales de caza, han evolucionado bajo la presión del acecho, por lo que tenemos el potencial de experimentar tanto el modo de depredador como el de presa. Experimentamos el modo de depredador de ondas beta durante las intensas actividades orientadas a tareas que realizamos día a día, aunque nunca hayamos acechado a ningún animal en nuestra vida. Irónicamente, también pasamos a modo presa, que es igualmente un estado de ondas beta, cuando nuestra misión orientada a tareas dura demasiado, causando más estrés, o cuando un plazo de entrega nos 'devora' constantemente. Muchas personas en el mundo moderno pasan de modo depredador a modo presa una y otra vez durante la vida diaria; es decir, viven en un estado de ondas beta. Esto es agotador.

Si llevamos una vida equilibrada, cuando nuestro cerebro se agota, nos damos tiempo para parar y descansar un poco. Cuando esto ocurre, las ondas cerebrales pasan de beta a alfa y el cuerpo cambia a la modalidad de 'reposo y digestión' del sistema nervioso parasimpático. Durante el modo de 'reposo y digestión', el cuerpo ahorra energía y se recupera. Después de la recuperación, podemos volver a centrarnos en tareas durante cierto tiempo.

Cuando los seres humanos llevan una vida saludable, muy rara vez entran en el modo de presa que causa ansiedad. Cuando llegan a entrar en modo de presa, por lo general se debe a una razón de peso y no dura mucho tiempo. Cuando nuestra vida se desequilibra, la ansiedad de la 'lucha o huida' puede comenzar a manifestarse en cada momento, poniéndonos a la defensiva y provocando comportamientos de retraimiento o agresividad por razones aparentemente insignificantes.

La mayoría de las personas experimentan los tres estados (concentración, reposo y ansiedad) cada día de su vida, al menos en cierto grado. Para la mayoría de nosotros, esos tres estados son todo lo que conocemos. Existe otro estado al que podemos acceder, pero que muy pocas personas llegan a experimentar, al cual denomino estado alfa consciente.

La consciencia meditativa da acceso al estado de ondas alfa consciente. Con un poco de práctica del Método de Incorporación Total de la Meditación, podemos aprender a estar conscientes meditativamente durante la actividad, que era uno de los secretos de los maestros samurái. Una de las formas más sencillas de comenzar a acceder al estado alfa consciente durante nuestras actividades reside en la manera en que usamos nuestros ojos y nuestra atención.

Imagina estar en el campo de batalla rodeado de oponentes que tratan de matarte. Si centras tus ojos y tu atención como un depredador, lo más probable es que te mate uno de tus oponentes por un lateral o por detrás. Si entras en el modo de defensa de las especies de presa, te llenarás de ansiedad y acabarán contigo fácilmente. Para sobrevivir, necesitas encontrar otra manera, una que no sea ni de depredador ni de presa. Puede que nunca te encuentres en un campo de batalla rodeado de enemigos, pero sí que experimentas un conflicto mental diario. La naturaleza frenética de la mente se inquieta por no recibir atención, por recibir demasiada atención, por no tener trabajo, por tener trabajo, por no tener suficiente dinero, por tener demasiado dinero, por estar soltero, por estar casado, por tener problemas con los hijos, por el arrepentimiento de no tener hijos, por el futuro, por el pasado, etcétera. Y la lista sigue y sigue. De forma similar a lo que ocurre en el campo de batalla, sin importar en qué nos centremos, siempre hay algo que nos golpea y nos mantiene en un estado de ansiedad.

La única respuesta útil para dicha ansiedad es llevar tu cerebro a un estado que no sufra por preocupaciones inútiles, pero que tome acciones constructivas cuando sean útiles. No puedes hacer que tus compañeros de trabajo se comporten o hagan su trabajo mejor. Tampoco puedes cambiar la conducta de tu jefe, pero sí puedes cambiar hacia un estado consciente de ondas alfa y puedes tomar una acción decisiva cuando sea el momento indicado.

Meditación de Consciencia Visual

Podemos practicar inicialmente esta meditación en una habitación silenciosa donde nadie nos moleste. Una vez que le tomemos el gusto, lo cual no debería costar más de una o dos sesiones, podemos extender la práctica a otros entornos.

Pon un temporizador de 15 minutos para que no estés pensando en el tiempo durante la práctica de meditación. Para ilustrar la explicación, supongamos que practicas esta meditación en tu habitación.

Sin adoptar ninguna postura en particular, siéntate cómodamente con los ojos abiertos. Despeja tu mente y mira directamente hacia el frente con el objetivo de abarcar todo tu campo visual.

Para asegurarte de que abarcas todo tu campo visual, sin mover los ojos, haz una nota mental de un lugar en el lado derecho, por ejemplo, un objeto o un punto en la pared que marque el límite exterior de tu campo visual. Una vez que hayas anotado dicho objeto o lugar, haz lo mismo en el lado izquierdo, fijándote en lo último que puedes ver mientras diriges tu mirada hacia el frente. Por último, observa el punto más alto y el punto más bajo.

La forma general de nuestro campo visual es binocular. Para la persona promedio, la amplitud del campo horizontal es de alrededor de 180 grados, aunque la amplitud vertical es de alrededor de 90 grados. Las personas con daño cerebral u ocular tienen una menor capacidad visual. Si tu capacidad visual es menor y no eras consciente de que podrías tener un problema de salud relacionado con tu vista o tu cerebro, es prudente que consultes a tu médico. Sin embargo, para el objetivo de nuestra meditación, solo es importante observar cuál es tu límite visual personal y luego ser consciente de la amplitud total de tu campo visual.

Estos cuatro marcadores mentales sirven para recordarte que debes estar ampliamente consciente sin volver a tu habitual visión enfocada. También mantendremos la mente despejada. Queremos evitar que la mente intente identificar objetos dentro del campo visual.

El hábito de tratar de identificar objetos puede ser fuerte para los principiantes, puesto que la mente comienza a nombrar todo lo que le llama la atención, por ejemplo, "televisor," "reloj", "pintura dañada," etcétera. Cada vez que tu mente identifique un objeto, intenta relajarte un poco más y vuelve a la consciencia visual total. Practicando de esta manera durante varias semanas, la mente rápidamente abandona la tendencia de centrarse e identificar, al menos mientras meditas.

Si puedes permanecer consciente del campo visual completo y relajarte, tu cerebro pronto emitirá una onda alfa consciente, lo cual indica que te encuentras en un estado de meditación. Cuando estés en el estado alfa consciente, tu cuerpo y tu cerebro conservarán energía y se recuperarán del estrés que ha creado el habitual estado de ondas beta, el cual está orientado a tareas y estimula la ansiedad.

La meta con tu práctica inicial es permanecer en una consciencia relajada del campo visual completo durante 15 minutos. Si observas que tu mente continúa intentando centrarse en objetos o divaga, simplemente relájate y vuelve a mantener tu consciencia en el campo visual completo. Sin embargo, ten cuidado de no forzar en exceso los ojos, ya que hacerlo provocará tensión en el cuello y los hombros y posiblemente dolor de cabeza. Mientras relajas los ojos, asegúrate de relajar los labios, la mandíbula, el cuello, los hombros, las manos y la respiración.

Te sorprenderá descubrir que el campo visual total que tienes ahora es el campo visual que tienen tus ojos todo el tiempo, pero tu cerebro lo bloquea de manera selectiva de tu memoria accesible. Por lo general, tu consciencia visual está limitada principalmente por aquello que tu cerebro encuentra interesante.

Después de 15 minutos de realizar meditación de consciencia visual estando sentado, es momento de comenzar a desafiarte un poco. Primero, podrías intentar echar un vistazo sin enfocar la mirada. Luego, podrías intentar mover un brazo o una pierna. Si eres capaz de mantenerte consciente de manera periférica, intenta levantarte y sentarte de nuevo. Intenta caminar. Durante todas estas actividades, mantén la mente y la mirada desenfocadas.

En poco tiempo te darás cuenta de que puedes mantenerte consciente mientras te mueves libremente. En las sesiones iniciales de práctica, probablemente te verás y te sentirás un poco extraño. Tal vez parezca que te encuentras en el apocalipsis zombi que tantas personas temen al final de los días. Bueno, dejando las bromas de lado, con la práctica, pronto podrás caminar normalmente cuando estés consciente de manera periférica, como si fueras un zombi sigiloso.

Como estamos practicando una meditación visual que depende de la visión periférica, tomemos nota de las diferencias entre la visión enfocada y la visión periférica (no enfocada). Podrías observar que la visión enfocada es una visión de alta definición llena de color, mientras que la visión periférica es de mucha menor definición y carece de color.

Presta atención a la sensación que crea en el cuerpo la visión enfocada, en comparación con la que genera la visión periférica. La visión enfocada crea tensión física, mientras que la visión periférica relaja el cuerpo. Si has sentido dicho cambio, significa que has notado la diferencia entre las ondas cerebrales beta y alfa.

Las ventajas de la visión enfocada son que puedes ver más colores y detalles que cuando usas tu visión periférica. La desventaja de la visión enfocada, además de la tensión que crea, es que no es sensible al movimiento y provoca una carencia casi total de consciencia de lo que ocurre fuera del punto de enfoque.

Para darte una idea muy tangible de cómo funciona la visión enfocada, escribe "Prueba de Atención Selectiva" en tu navegador y disfruta el video. Te aviso desde ahora: si continúas leyendo antes de ver el vídeo, no disfrutarás de verlo.

Espero que hayas disfrutado el video. Si no lo has captado a la primera, no te preocupes, puesto que la gran mayoría de las personas no lo captan. En cualquier caso, el experimento muestra lo ciego que es el cerebro a la información en el entorno inmediato cuando usamos la visión enfocada.

Otro ejemplo de la ceguera de la visión enfocada ocurre cuando lees. Al leer, observa cómo eres casi completamente inconsciente de lo que ocurre más allá de la página, a menos que hagas un esfuerzo importante para ver lo que ocurre más allá del texto. También podrías notar que, cuando haces un esfuerzo considerable para extender tu consciencia más allá de la página, no eres capaz de leer. O si pronuncias las palabras, eres mucho menos capaz de comprender y recordar el contenido que si estuvieras solamente centrado en leer. Con la práctica, eventualmente podrás leer, comprender y ver la habitación completa de manera natural.

Aunque la visión periférica percibe menos color y carece de detalles, conduce a una consciencia de nuestro entorno y es mucho más sensible al movimiento y a las sombras que la visión enfocada, la cual percibe muchos colores. Estas ventajas reflejan el hemisferio del cerebro en el que se procesa cada tipo de visión. En la mayoría de las personas diestras, la visión enfocada se procesa en el hemisferio izquierdo, dedicado principalmente a la identidad y el pensamiento; mientras que la visión periférica se procesa en el hemisferio derecho, encargado principalmente de los sentimientos, las emociones y la consciencia. En las personas zurdas, los hemisferios se invierten.

Volviendo a la meditación, es importante recordar que la persistencia es esencial para mejorar la calidad de vida. Con la práctica de meditación diaria, descubrirás que los estímulos que solían sacarte con facilidad del estado alfa consciente han perdido su impacto en ti. Además, otros desafíos habrán disminuido el poder de distracción que tenían sobre ti. Estas son excelentes señales de progreso.

Meditar Bajo Presión

Nota: por seguridad, pon siempre un temporizador de 10 minutos para recordarte salir antes de que comiences a sufrir de hipotermia.

Después de algunos días de practicar el estado alfa consciente a través de la meditación de consciencia visual, comienza a desafiar tus capacidades de meditación en la ducha fría. Para hacerlo, antes de entrar en el baño, entra en estado meditativo a través de la meditación de consciencia visual.

Mantén tu visión y tu mente desenfocadas mientras te mueves y te quitas la ropa. Relaja profundamente tu cuerpo y tu mente sin pensar en la ducha. Si puedes, entra en la ducha sin haber pensado en absoluto en el agua fría. Asegúrate de seguir consciente antes de abrir el agua. Fíjate en si puedes abrir el agua mientras mantienes la relajación física y mental. Mantén la vista desenfocada.

Si te das cuenta de que tu mente o tu cuerpo se tensan con anticipación cuando ves el grifo de la ducha, entonces sabrás que el miedo y la anticipación de la incomodidad te han sacado de tu consciencia primaria. En este punto, simplemente observa lo que hace la mente. No necesitas hacer nada en particular con respecto a la tensión, simplemente relaja tu cuerpo y despeja tu mente de nuevo mientras miras el grifo.

Una vez que te hayas relajado, comienza tu ducha dirigiendo el agua fría hacia tus pies, usando el método gradual que aprendimos en el Capítulo 8. En el momento en que sientas que tu meditación se rompe o se debilita, aleja el flujo de agua y vuelve a meditar antes de volver a intentar el proceso gradual. Ve lo más lejos que puedas manteniéndote en meditación.

El verdadero desafío vendrá cuando el agua fría de la ducha esté sobre tu rostro, ya que en ese momento tendrás que cerrar los ojos. La tentación será centrar la mente en el lugar que está siendo estimulado por el agua, el lugar más incómodo. Centrarse en esa área te sacará instantáneamente de meditación. Recuerda relajarte lo más que puedas y permanecer mentalmente despejado.

Por lo general, una vez que una persona puede producir todos los sonidos en la ducha fría, puede permanecer en consciencia meditativa durante una ducha fría completa. Si no te encuentras en el punto en el que puedes permanecer en meditación durante una ducha fría completa, no te preocupes, ya que no se trata de una carrera. Con un poco más de práctica llegarás ahí.

Hayas mantenido o no la meditación mientras te encontrabas en la ducha, asegúrate de estar en un estado alfa consciente (consciencia meditativa) cuando salgas de la ducha. Sécate y vístete aún en meditación. Sal del baño y observa durante cuánto tiempo puedes comenzar a hacer tus actividades diarias mientras sigues en ese estado consciente.

Capítulo 16

Consciencia Esférica

La consciencia era una de las cualidades esenciales de un maestro samurái. Un maestro samurái utilizaba cada momento de su vida como una oportunidad para entrenar la consciencia, para poder tenerla en todo momento. Su objetivo era que la consciencia fueran sus ojos, sus manos, sus pies, su sable y su escudo, su corazón. No estaba satisfecho hasta que la consciencia estuviera presente mientras comía, mientras orinaba, durante una conversación, mientras dormía, durante el sexo; es decir, en cada momento.

Lograr ese nivel de consciencia puede parecer una tarea muy dura. Si se entrena adecuadamente, ciertamente resulta desafiante, pero nunca hay momentos aburridos. Una vez que entiendas el ritmo del entrenamiento, observarás cosas que nunca habías observado antes. Se abrirá ante ti un nuevo mundo de exploración y aventura. Cada momento te ofrecerá una oportunidad de vivir plenamente.

Meditación de Consciencia Esférica

Imagina que caminas solo por un callejón oscuro ya avanzada la noche, algo que espero que nunca hagas. Ahora imagina que escuchas pisadas detrás de ti mientras caminas. Naturalmente, tu mente estará muy atenta al espacio detrás de ti mientras caminas, aunque estés caminando hacia delante.

Conforme sigues avanzando, las pisadas se escuchan más fuerte, por lo que parecen estar más cerca. Tu ritmo cardiaco se eleva y comienzas a sentir ansiedad. Tu mente comienza a visualizar imágenes del maleante detrás de ti, de ti siendo asaltado, violado, o agredido de cualquier otra manera.

La primera sensación que probablemente experimentarás será una lucha interior entre el deseo de darte la vuelta para mirar y el increíble miedo de hacer precisamente eso. El miedo sugiere que darte la vuelta incitaría un ataque. La mayoría de la gente siente una ansiedad enorme en esa situación, puesto que su sistema nervioso se pone en modo de 'lucha o huida'. Esta respuesta tiene sentido ante la falta de una mejor estrategia. El modo de 'lucha o huida' es una respuesta de pánico que bloquea la consciencia. Afortunadamente, existe otra manera, la consciencia esférica.

La clave de la consciencia esférica se halla en el escenario anterior, particularmente en la capacidad de ser sensible al área detrás de ti incluso aunque tus ojos estén mirando hacia el frente. Durante esta situación, tu mente está haciendo algo especialmente importante en el sentido de que está sintiendo intencionalmente detrás de ti, aunque técnicamente hablando, tus sentidos físicos son débiles o no pueden funcionar en esa dirección.

A pesar del punto ciego sensorial, tu atención está en esa dirección. En realidad, puedes estar atento a cualquier dirección de una manera similar. Al principio, es más fácil observar esta capacidad cuando te imaginas que alguien viene hacia ti. Inténtalo y velo por ti mismo. Mira directamente hacia el frente y mientras tanto, presta atención brevemente hacia tu izquierda sin mirar ahí físicamente. Ahora haz lo mismo con el lado derecho. Inténtalo otra vez prestando atención hacia atrás de ti. Hazlo una vez más rápidamente en cada dirección, izquierda, derecha, detrás, arriba, abajo. Ahora inténtalo, pero relajado. ¿Cómo te sientes?

¿Y si a través de la relajación pudieras estar atento hacia cualquier dirección simultáneamente? ¿Qué sensaciones tendrías? Pues resulta que puedes. Inténtalo y velo por ti mismo. ¿Cómo te sientes?

Muchos de mis estudiantes comentan que, después de desarrollar este sentido conscientemente, sienten como si algo se hubiera abierto dentro de ellos. Exactamente así me siento yo también. Me pregunto si puedes sentir esa apertura. Si no, con el tiempo podrás. Una vez que la experimentes, comprenderás lo que quiero decir. No podrás explicar este cambio a nadie en una forma en que lo entiendan hasta que esa persona también haya experimentado el cambio.

Entonces, ¿cuál es la diferencia entre la consciencia ansiosa de la persona que tiene a alguien detrás de ella siguiéndola y lo que estás haciendo ahora?

Principalmente, la diferencia reside en el estado del sistema nervioso. En el escenario de la persecución, es probable que te encuentres en un estado de temor y de mucha ansiedad, una respuesta del sistema nervioso simpático conocida como 'lucha o huida'. Cuando estás en ese estado, el sistema nervioso se comporta de manera similar a la de un ratón cuando detecta el olor de un gato en el aire. La sensación es pequeña e impulsiva.

En el modo de 'lucha o huida', una persona puede entrar en pánico, lo cual dará como resultado uno de tres posibles escenarios. El más común es la negación, cuando la mente trata de convencerse de que no hay peligro: "Me estoy imaginando cosas", o "No me está siguiendo; simplemente va en la misma dirección que yo". Esas justificaciones podrían o no reflejar la realidad. Si hubiese realmente una persona acechándote detrás, la negación te pondría en una posición muy vulnerable.

El segundo escenario, también una respuesta de 'lucha o huida', es arrancar a correr despavorido, lo que seguramente alentaría al acechador, si es que existiese, a perseguirte, de forma similar a cuando un gato instintivamente persigue una pelota. Si corres rápido, podrás escapar. Sin embargo, debido al pánico, probablemente experimentarías una subida de adrenalina, lo que significa que tu cuerpo se agotaría rápidamente. Si el acechador tiene un estado físico decente, seguramente te atrapará y, si lo hace, estarás tan cansado que ya no podrás pensar inteligentemente o hacer algo útil.

En el tercer escenario, podrías manifestar el aspecto de lucha de la respuesta de 'lucha o huida', decidiendo dar la vuelta y atacar a quien se encuentre detrás de ti. Puesto que estarías respondiendo en un estado de pánico como un animal que ha sido arrinconado, de nuevo sufrirías la subida de adrenalina y te agotarías rápidamente. Si tienes suerte, tomarías por sorpresa al acechador, suponiendo que lo hubiese, y lo superarías. Si tuviese un arma, probablemente te lesionaría o te mataría.

Las tres reacciones no tienen nada que ver con la meditación o la consciencia en el sentido que le doy al término. Para que exista consciencia, de la forma en que yo uso el término, no debemos quedar atrapados en la respuesta extrema del sistema nervioso de 'lucha o huida' que produce ondas beta, sino en el estado consciente de ondas alfa de la consciencia esférica, como el de un maestro samurái rodeado de oponentes que intentan matarlo. Aun viendo a la muerte de frente, se encuentra tranquilo, centrado y consciente hacia todas las direcciones, confiando en que su cuerpo consciente le revelará el mejor camino para salir airoso de ese encuentro.

Cuando estamos en modo de 'lucha o huida', se acumula en el cuerpo una tensión excesiva, haciendo que nuestros movimientos sean rígidos. Tu atención se centra en una dirección y tu energía se convierte en una debilidad. Esa imagen llama la atención de posibles atacantes, como cuando un alce herido acapara las miradas de una manada de lobos. El simple hecho de no estar plenamente consciente llama la atención de posibles atacantes, ya que tu lenguaje corporal denota vulnerabilidad.

Cuando uno se mantiene en un estado de plena consciencia esférica, los depredadores son disuadidos, ya que, para ellos, limitar los riesgos es una prioridad instintiva. No hay necesidad de sacar pecho y mostrarse amenazante, puesto que eso no significa ser consciente y muy probablemente conduciría a una confrontación violenta.

En vez de tratar de mostrarte amenazante, mantente tranquilo y centrado. Esta cualidad de energía tiene un efecto increíble en los depredadores potenciales. La mayoría de ellos quedan confundidos ante una conducta tranquila y consciente. La confusión bajo presión crea miedo. Repentinamente, el depredador vacila y su titubeo, por lo general, lo hace desistir.

De joven, inesperadamente tuve la oportunidad de probar mi tranquilidad y mi consciencia centrada con la amenaza de atacantes en varias ocasiones, cada una dando como resultado confusión aparente por parte de los atacantes y una retirada pacífica. Mi acelerado estado mental atraía su atención. Una vez que comenzaban a aproximarse, me percataba de ello, al igual que de la energía que yo proyectaba y que había llamado su atención. En ese instante, entraba en plena consciencia esférica. Ellos se retiraban sin necesidad de palabras agresivas o una confrontación violenta. Al principio, me confundían sus respuestas extrañas a mi consciencia tranquila, pero después de entrenar durante un buen periodo y probar una y otra vez el poder de la consciencia esférica, me di cuenta de que las personas que están en modo de depredador quedan confundidas por este estado.

El sistema nervioso de todos los animales, incluidos los humanos, ha evolucionado con los siglos para percibir cuatro estados del sistema nervioso. El primer estado es el de la falta de consciencia o falta de atención, el blanco más sencillo. El segundo estado es el de la negación, otro blanco fácil. Puedes ver este estado en los animales, que, cuando están nerviosos, desvían la mirada de la fuente de estrés, pero no huyen. El tercer estado es el de huida, el cual da pie a una persecución, haciéndolo mucho más desafiante que la falta de atención o la negación. El cuarto estado es el de la agresión, en el que un animal se da la vuelta y ataca a su agresor.

La mayoría de los encuentros en la naturaleza terminan en persecuciones debido a que los animales, por lo general, entran en modo de huida más fácilmente que en modo de negación, y por supuesto, los animales salvajes están mucho más atentos que los humanos, ya que deben sobrevivir. De los cuatro estados, el más desafiante es el de darse la vuelta y luchar. La mayoría de los depredadores no están preparados para eso. El resultado más común de una lucha son heridas para ambos contendientes, por lo que acechar a un animal que seguramente se dará la vuelta para atacar es una mala estrategia para un depredador solitario. La mayoría de los depredadores evitan a los animales que creen que entrarán en modo de lucha, a menos que los depredadores superen ampliamente en número a la presa.

No obstante, existe otro estado al cual el sistema nervioso por defecto parece ser totalmente ciego: la consciencia esférica tranquila. Los animales parecen incapaces de elegir este estado, pero los humanos, si se les hace consciente de ello, pueden. Con la práctica, los humanos pueden comenzar a incorporar este tipo de consciencia en su vida cotidiana.

Consciencia Esférica para Entrenar bajo Presión

Nota: por seguridad, pon siempre un temporizador de 10 minutos para recordarte salir antes de que empieces a sufrir de hipotermia.

Ahora que ya estás familiarizado con la consciencia esférica, es importante comenzar a ponerla en práctica y desarrollarla mediante desafíos progresivos. Podemos usar la ducha de agua fría para iniciar la consciencia esférica y entrenar bajo presión.

Entra en consciencia esférica tranquila antes de entrar en el baño. Una vez que estés tranquilo y consciente, entra, quítate la ropa y quédate de pie bajo la ducha mientras continúas en consciencia esférica.

Una vez dentro, observa el grifo y luego la propia ducha para ver si la anticipación te saca del estado de consciencia. Para poner a prueba tu consciencia de esta manera, simplemente coloca el grifo o la propia ducha en el centro de tu consciencia visual, sin enfocarlas. Si puedes evitar que tu mente se centre en ellas, deberías poder permanecer consciente esféricamente.

Abre el agua con el objetivo de mantener este estado a través de todas las posibles sensaciones que podría provocar el agua. Mantén una ligera consciencia del espacio a tu alrededor, de tal forma que, si alguien entrara en la habitación, te darías cuenta con toda tranquilidad.

Cuando hayas terminado la ducha, sal y sécate manteniendo un estado de consciencia esférica. Vístete y observa cuánto tiempo puedes mantenerla durante las actividades de tu día.

Una persona que no está lista para el desafío bajo presión de la consciencia esférica, podría notar que su energía se reduce a la mínima expresión en el momento en que empieza la ducha o cuando el frío toca su piel. Incluso podría notar que su atención se mueve hacia su interior de manera defensiva, ya que los sistemas del cuerpo no son todavía lo suficientemente fuertes como para permanecer conscientes bajo presión. Incluso las personas que llevan meditando muchos años serán incapaces de meditar durante una ducha de agua fría si no han entrenado su cuerpo adecuadamente.

En esencia, las personas con baja energía son incapaces de meditar a menos que se sientan cómodas. Puesto que nos estamos entrenando para tener una consciencia inquebrantable, la dependencia inconsciente a la comodidad debe superarse, ya que la vida a menudo es incómoda. Si la persona no trasciende la barrera de la comodidad, existirá una separación continua entre la consciencia meditativa y la vida diaria. Por lo tanto, sólo a través del desafío de las capacidades de meditación mediante la incomodidad podremos incorporar completamente la consciencia en nuestras vidas.

Capítulo 17

Entrenamiento Corporal Profundo

La hora más desafiante para darse una ducha de agua fría es entre las tres y las cuatro de la mañana, cuando la presión arterial del cuerpo y la actividad hormonal están en su punto más bajo. Te habrás dado cuenta de que cuando estás enfermo los síntomas siempre son mucho peores alrededor de esta hora. En ese momento, la mayoría de las personas están profundamente dormidas. Desde luego, si te levantas a las cinco o a las seis de la mañana y te metes directo en la ducha, tu presión arterial será más alta que a las tres, pero seguirá siendo muy baja en comparación con otras horas del día, por lo que darte tu ducha de agua fría temprano es un enorme desafío. En contraste, el momento en el que resulta más sencillo darse una ducha de agua fría es cuando estás totalmente despierto y tu presión arterial se encuentra en un nivel normal. Si has estado realizando tu entrenamiento de duchas de agua fría durante el momento en que resulta más sencillo, podrías estar tentado a pensar que has dominado el método cuando en realidad no lo has hecho.

La manera de dominarlo es darte la ducha muy temprano por la mañana cuando el cuerpo tiene un nivel de energía relativamente bajo. Si puedes ducharte a esa hora en un estado de plena consciencia esférica, entonces sabrás que estás listo para el siguiente paso, que exploraremos en este capítulo.

Una vez que hayamos dominado la ducha mediante la consciencia esférica, significa que ya no titubeamos para entrar en la ducha a menos que nos sintamos enfermos. Aún quedan por delante nuevos desafíos, si decidimos aceptarlos, por ejemplo, darse baños de agua fría.

Antes de iniciar ese tipo de entrenamiento, asegúrate de consultar con tu médico. Si tienes algún padecimiento cardiaco o síndrome de Raynaud, lo mejor podría ser evitar completamente los baños de agua fría hasta que hayas superado dichos padecimientos. Si no tienes la intención de darte un baño frío de ninguna manera, podrías avanzar al siguiente capítulo para seguir tu progreso sin los baños de agua fría.

Antes de entrar en los métodos y las razones específicas para tomar un baño de agua fría, comencemos con las excepciones: cuando una persona, generalmente saludable, que ha decidido comenzar a tomar baños de agua fría quisiera evitarlos en ciertos días.

Día de Enfermedad

Si una mañana no te sientes bien, podrías omitir el baño de agua fría e incluso la ducha de agua fría y utilizar en su lugar solamente el método del lavabo descrito en el capítulo 8. Si tu energía es extremadamente baja, tienes fiebre, escalofríos o signos de enfermedad, evita todas las formas de entrenamiento con agua fría, puesto que pueden debilitar tu cuerpo aún más. Descansa en días así.

Si no te sientes enfermo, pero tienes poca energía, podrías continuar tu entrenamiento utilizando el método del lavabo, detallado en el Capítulo 8.

Yo comencé mi entrenamiento con agua fría en un arroyo durante un entrenamiento de supervivencia. En el verano había tanta humedad que no podía dormir por las noches. Comencé a meterme en el arroyo durante la noche con la intención de enfriar mi cuerpo simplemente para poder conciliar el sueño. Funcionó extremadamente bien.

Una vez que volví a Tokio, que también es muy húmedo, continué haciendo lo mismo, pero con baños de agua fría. Vivíamos en un piso sin aire acondicionado, por lo que en las noches era normal sudar y sentirse incómodo. Los baños de agua fría mejoraban enormemente la calidad de mi sueño.

Después de realizar ese entrenamiento, dejé de usar ropa abrigada durante el invierno, de tal manera que el tipo de ropa que usaba en verano y en invierno variaba muy poco. Hasta este día, disfruto mucho más los baños de agua fría que las duchas de agua fría. Como indiqué anteriormente, mi familia padece del síndrome de Raynaud, por lo que tengo que ser consciente al tomar baños de agua fría y usar más ropa durante las temporadas en las que hace frío.

Las inmersiones en agua fría presentan desafíos diferentes a las duchas de agua fría. Los baños no son tan caóticos como las duchas, sin embargo, son más desafiantes a nivel físico que las duchas de agua fría. Los baños de agua fría desafían la compostura ya que eliminan el calor del cuerpo más rápido que las duchas, pero de manera menos caótica.

Suponiendo que seas apto para tomar un baño de agua fría, según tu opinión y la de tu médico, es importante conocer primero los síntomas de la hipotermia. El no saber reconocer los síntomas puede conducir a la muerte.

Síntomas de la Hipotermia

De acuerdo con la Clínica Mayo, los signos de la hipotermia son los siguientes:

- Estremecimiento
- Dificultad para articular correctamente las palabras
- Respiración lenta, corta
- Pulso débil
- Torpeza de movimientos o falta de coordinación
- Mareo o energía extremadamente baja
- Confusión o pérdida de memoria
- Pérdida de la consciencia

Como advierte la Clínica Mayo, "Alguien con hipotermia, por lo general, no está consciente de su condición, ya que los síntomas a menudo comienzan gradualmente". El sitio web también recalca que "la confusión de la mente, relacionada con la hipotermia, evita la autoconsciencia, lo cual puede conducir a un comportamiento arriesgado".

La Clínica Mayo presenta, además, varios factores de riesgo que pueden incrementar las probabilidades de padecer hipotermia (buscar "Hypothermia" en el sitio web de la Clínica Mayo):

- La fatiga o el cansancio reduce tu tolerancia al frío.
- Las personas mayores pueden tener una menor capacidad de regular su temperatura corporal y percibir los síntomas de la hipotermia.

- El cuerpo de los adolescentes pierde calor más rápido que el de los adultos.
- Los problemas mentales como la demencia y otros padecimientos podrían interferir con el juicio o la consciencia de los síntomas de la hipotermia cuando aparecen.
- El alcohol causa que los vasos sanguíneos se expandan, lo que puede hacer que el cuerpo se sienta caliente. Debido a la expansión de los vasos sanguíneos cuando deberían contraerse para protegernos del frío, el cuerpo pierde calor más rápidamente. Además, el alcohol disminuye la respuesta natural del estremecimiento, que es uno de los primeros signos que indican que debes salir del agua. Con el alcohol, también hay riesgo de sufrir un desmayo en el agua.
- Las drogas recreativas afectan el juicio y pueden provocar un desmayo en el agua fría.
- Los padecimientos de salud que afectan a la regulación de la temperatura corporal, como el hipotiroidismo, la anorexia nerviosa, la diabetes, los derrames cerebrales, la artritis severa, el Parkinson, los traumatismos y las lesiones de la columna vertebral incrementan el riesgo de hipotermia.
- Los fármacos como los antidepresivos, los antipsicóticos, los medicamentos para el dolor y los sedantes pueden reducir la capacidad del cuerpo para regular el calor.

La conclusión es simple: el entrenamiento de baños fríos debe realizarse por personas que estén listas para tomar su entrenamiento en serio y hayan consultado con su médico. Si observas cualquiera de los síntomas de la hipotermia, interrumpe inmediatamente tu exposición al agua fría y calienta tu cuerpo. Como regla general, no permanezcas en el agua fría más de 10 minutos. Una vez que tu cuerpo se haya acostumbrado adecuadamente al frío y te hayas familiarizado completamente con los signos de la hipotermia, podrás permanecer más tiempo.

Meditación en un Baño de Agua Fría

Nota: por seguridad, pon siempre un temporizador de 10 minutos para recordarte salir antes de que comiences a sufrir de hipotermia.
 Una vez que tu sistema circulatorio y tus células se hayan hecho fuertes y tengan una buena salud, los baños de agua fría te permitirán disfrutar de una poderosa y placentera sesión de meditación.

Estos son los puntos para darte un baño de agua fría realizando meditación básica:

- Asegúrate de estar en un estado de consciencia esférica antes de entrar en el baño de agua fría.
- Observa si puedes entrar y sentarte en un solo movimiento sencillo y consciente, que fluya hacia el siguiente movimiento sin pausar o titubear.
- Una vez que estés sentado, extiende lentamente tus piernas para sumergirlas completamente.
- Una vez que tus piernas estén totalmente mojadas, contén la respiración y recuéstate de la manera más relajada posible para sumergir tu torso y cabeza.
- Permanece sumergido el mayor tiempo posible durante el tiempo que puedas contener la respiración, mientras estás en un estado de consciencia esférica.
- Una vez que estés listo para volver a inhalar, siéntate y relájate completamente en un estado de meditación profunda.
- Cuando te sientes, el calor de tu cuerpo calentará el agua a tu alrededor y esto creará una barrera aislante del agua más fría. Cada cierto tiempo usa tus manos y piernas para mover suavemente el agua alrededor de tu cuerpo para que experimentes la temperatura más fría del agua.
- Después de aproximadamente un minuto de estar sentado en estado de meditación, de manera sutil, contén la respiración y vuelve a sumergir la parte superior de tu cuerpo y tu cabeza hasta que estés listo para volver a inhalar.
- A los 10 minutos (o antes si comienzas a experimentar síntomas de hipotermia) sal tranquilamente de la bañera todavía en un estado de consciencia esférica.
- Sécate, vístete y continúa tu día en un estado de consciencia esférica.

Una vez que aprendas a mantenerte en un estado de consciencia esférica mediante el baño básico que he descrito anteriormente, olvida los formalismos y haz lo que te plazca mientras estés en el baño de agua fría, siendo consciente de las precauciones de seguridad. Experimenta a fondo las sensaciones, permaneciendo en un estado profundo de consciencia esférica.

Capítulo 18

Ejercicios y Juegos Para la Consciencia

Para descubrir la consciencia inquebrantable, es vital comenzar a integrar la consciencia esférica en la vida diaria tanto en el interior como en el exterior de tu hogar. Queremos que la consciencia cale en lo más hondo de nuestro ser y que nos afecte a nivel de los instintos.

Para los seres humanos, así como para los animales, los juegos son una manera poderosa de ponerse en contacto con los instintos. Si fueras un cazador-recolector, sin importar en qué parte del mundo vivieses, muy probablemente te encontrarías con alguna variante de los ejercicios y juegos incluidos en este capítulo.

En mi búsqueda personal de la incorporación de la consciencia, he probado varios ejercicios y juegos, aunque después he descubierto que las personas los han practicado desde siempre. Las herramientas que se encuentran en este capítulo le pondrán un poco de sabor a tu práctica diaria y servirán para mantenerte consciente en situaciones en las que de otra forma no lo estarías. Espero que los disfrutes tanto como yo.

Visión de Rayos X

El primer ejercicio es fingir que tienes visión de rayos X. Cuando eras niño tal vez imaginaste que tenías visión de rayos X. Este juego difiere del que probablemente jugabas en ese entonces. La base de este ejercicio es la consciencia esférica, la cual combinaremos con un mapa imaginario que actualizaremos constantemente a medida que practicamos.

Con los ojos cerrados, imagina que tienes visión de rayos X y que te permite ver a través de las paredes de las habitaciones, las puertas, los pasillos, etcétera, que están más allá de tu visión física. Si estás en el exterior, podrías visualizar la distribución del terreno, los árboles, las colinas, los ríos, etc. que se encuentran más allá de tu visión física. Crea un mapa mental muy general en 3D de tus alrededores, de tal forma que, si cerraras los ojos, podrías imaginar el espacio entero que incluye objetos evidentes como muebles (no hay necesidad de que tu imaginación visualice en alta definición la textura de los muros o las pinceladas de una pintura).

Este ejercicio mantendrá tu atención en el área que se encuentra a tu alrededor y tu concentración te permitirá mantener actualizado el mapa mental de manera relativa. Cuando practiques este ejercicio estarás más motivado a explorar para descubrir lo que hay más allá de tu consciencia física. La nueva información estará trazada internamente e integrada a tu visión de rayos X. El mapa nunca será completamente correcto, pero te ayudará a practicar la consciencia esférica mientras que al mismo tiempo te mantiene atento al espacio a tu alrededor.

Girar con Visión de Rayos X

Esta es una extensión del ejercicio de visión de rayos X.

1. Levántate y echa un vistazo para crear un mapa mental de tus alrededores.
2. Una vez que hayas trazado mentalmente tus alrededores, extiende tu consciencia de manera esférica por toda el área como ya has aprendido a hacerlo.
3. Una vez que hayas extendido tu consciencia, cierra los ojos mientras activas tu visión de rayos X imaginaria y comienza a girar lentamente sobre tu posición, como las manecillas de un reloj.
4. Mientras giras lentamente con los ojos cerrados, selecciona un punto como una habitación o una puerta para apuntar hacia él después tras realizar varias rotaciones de 360 grados.
5. En cuanto sientas que esa habitación u objeto está alineada con tu nariz, detente y señálala manteniendo los ojos cerrados.
6. Abre los ojos para verificar tu precisión.

Al llevar a cabo este juego a menudo, se desarrolla en tu mente un mapa de tus alrededores increíblemente poderoso en cualquier momento, mientras entrenas simultáneamente tu consciencia esférica.

Vista Topográfica

La topografía es el estudio de las características y la forma del terreno. La visión topográfica es un ejercicio que la mayoría de los cazadores-recolectores practican para no perderse. A medida que avanzan mientras caminan, imaginan que su espíritu se encuentra muy por encima de su cuerpo y mira hacia abajo para observar la distribución del terreno y sus prominentes características y formas.

Esta visión imaginaria incluiría montañas, valles, ríos, arroyos, bosques, praderas y otros sitios naturales. Si estuvieses en la ciudad, incluiría edificios, calles, esquinas, sectores comerciales y vecindarios, áreas altas y áreas bajas.

En un estado de meditación, imagina que tu visión espiritual se eleva por encima de tu cuerpo, alcanzando una gran altura, para observar la topografía que te rodea. A medida que te desplazas, continúa actualizando la vista topográfica.

Muchas personas que practican este ejercicio se percatan de que se sienten agradablemente estimuladas al hacerlo. La sensación se deriva de un cambio a un estado de ondas cerebrales conscientes. Si juegas a este juego mientras caminas es mucho menos probable que te pierdas.

Juego del Asesino

Este es un excelente juego para la consciencia, que estimula simultáneamente los instintos y la consciencia esférica. La idea es expandir tu consciencia a través de todo el espacio de tu casa, por ejemplo, con el objetivo de percibir dónde se encuentran otras personas en todo momento. En este juego, imagina que las otras personas son asesinos que te buscan.

Para anotar un punto en este juego, necesitas percibir cuándo alguien se te está acercando, antes de que se encuentre a 3 m de ti. Si los percibes antes de que se encuentren a 3 m, sobrevives al ataque del asesino. En tu mente, podrás marcar un punto. Si alguien se aproxima a 3 m de ti antes de que te percates, has sido asesinado. En ese caso, anótate un punto menos.

No hay necesidad de contarle a nadie que estás realizando este juego. No importa si intentan acercarse a ti sigilosamente o incluso si ignoran completamente tu presencia; si se acercan a 3 m de ti, significa que has sido asesinado. Yo solía llevar registro de mis marcadores diarios en mi libreta de bolsillo para ayudarme a descubrir si hacía progresos con el tiempo. Seguramente también disfrutarás haciendo esto.

A medida que mejora tu consciencia con este juego, querrás aumentar los desafíos. Puedes hacer esto muy fácilmente incrementando la distancia de 3 m a tal vez 5 m o 7 m, o incluso más a medida que ganes habilidad en ello.

Entrenar de esta forma te otorgará esa especie de sexto sentido que se dice que tienen las leyendas de las artes marciales. Más importante aún es el hecho de que estimula simultáneamente los instintos y la consciencia, modificando tu respuesta instintiva para que esté conectada con la consciencia durante mayor tiempo y, a medida que se fortalece esa conexión, experimentarás menos ansiedad por el caos de la vida.

Puntos Ciegos

La mayoría de los accidentes automovilísticos ocurren en áreas con las cuales los conductores involucrados están muy familiarizados, tales como sus propios vecindarios. Las estadísticas de accidentes sugieren que cuanto más cerca estés de tu hogar o de cualquier calle por la que transitas con frecuencia, más tiendes a conducir en piloto automático, un periodo en el que tu consciencia se reduce al máximo.

Piensa en todas las ocasiones en las que llegaste a tu destino sin percatarte de la forma en que lo hiciste. Cuando conducimos repetidamente en áreas que nos resultan muy conocidas, por lo general, nos valemos de la memoria muscular y nos desconectamos. En ese escenario, tiene sentido el hecho de que se incremente nuestro riesgo de sufrir un accidente.

No solo es más común tener accidentes cuando estamos cerca de casa, sino que también resultan más letales porque las personas no llevan puesto el cinturón de seguridad o se lo quitan antes de llegar cuando se encuentran a unas calles de casa.

Si prestas atención a tu forma de conducir, te darás cuenta de que estás más atento cuando te encuentras en una zona poco conocida. El hecho de prestar más atención es aplicable a la mayoría de las personas cuando se encuentran en una situación nueva, no solo mientras conducen.

Si te dedicaras a observar a las personas en una gran ciudad, te resultaría relativamente fácil diferenciar a los turistas de los habitantes de la ciudad. Los habitantes de la ciudad por lo general van apresurados. Se mueven directamente del punto A al punto B, normalmente sin molestarse en mirar a su alrededor, muchas veces con la mirada hacia abajo mientras se desplazan por ahí. Por otro lado, los turistas suelen mirar a su alrededor mucho más que los habitantes de la ciudad, lo cual hace su andar menos directo y menos apresurado.

Si fueras un asesino preparando su plan, ¿quién sería tu objetivo, el individuo consciente o el individuo no consciente? El individuo no consciente sería un objetivo más seguro. Para maximizar tus probabilidades de éxito, es evidente que intentarías encontrarte con tu objetivo en un sitio donde esté menos alerta.

La mayoría de las personas, cuando imaginan un asesino ninja del antiguo Japón, piensan en un joven guerrero ágil y con increíbles habilidades, enfundado en un traje negro. Eso es de Hollywood. Había guerreros habilidosos entre los ninjas, pero la mayoría de los asesinos y espías eran mujeres. En su lugar, imagina una doncella o dama. Disfrazada con una imagen aparentemente inofensiva, su blanco por lo general moría en su propia cama o en la letrina. Cuando nos encontramos en dichos lugares, por lo general damos por hecho que estamos seguros, por lo que nos permitimos sumergirnos en nuestros propios pensamientos.

De la misma manera, los asaltantes por lo general buscan personas que estén solas y desatentas. Contrariamente a lo que supone mucha gente, muchos asaltos ocurren en pleno día. Si fueras un asaltante experimentado, ¿quién sería tu objetivo?

Cuando era joven, alguien intentó atracarme en pleno día en una estación del autobús. Tenía prisa y no estaba prestando atención. Seguramente me vio como la víctima perfecta. El asaltante fue capaz de aproximarse justo a mi lado y sacar un cuchillo casi apoyándolo en mi costado derecho antes de que yo despertara de mi letargo. Mi consciencia esférica tranquila lo confundió y fui capaz de disuadirlo de sus perversas intenciones. Si me hubiese quedado en un estado de ondas cerebrales beta, el resultado con certeza habría sido diferente. El ensimismamiento es peligroso.

Si prestas atención a dónde miras cuando conduces hacia y desde el trabajo, te darás cuenta de que tus ojos tienden a observar y pasar por alto las mismas cosas casi en cada ocasión. Lo mismo es cierto cuando estás en casa caminando por las habitaciones. Ciertas áreas parecen captar particularmente tu atención, mientras que casi nunca te fijas en otras. Esos puntos ciegos son donde se encontraría el asesino.

Para darte una mejor idea de cómo rediseñar tu consciencia para percibir los puntos ciegos, comienza a fijarte en dónde miras cuando caminas dentro de tu casa.

Es muy probable que te percates de que fijas tu atención en las mismas cosas de manera repetida, mientras que consistentemente ignoras otros sitios. Simplemente con observar tu patrón de vida, un asesino hábil sabría a qué prestas atención mejor que tú mismo. Para tener éxito en su perverso plan, lo único que necesita hacer es situarse en uno de tus puntos ciegos mientras pasas caminando.

Una vez que empieces a detectar tus propios puntos ciegos, comienza a observar los puntos ciegos de tus familiares y tus vecinos. Toma nota de sus patrones regulares. ¿A qué hora salen a recoger el correo, a sacar la basura, salen hacia el trabajo, regresan, etcétera? Algunas de estas áreas podrían variar un poco, mientras que otras son extremadamente consistentes. Los patrones persistentes indican potenciales puntos ciegos que tu asesino imaginario podría usar a su favor.

La clave de este juego, y de los demás, es que se practica desde un estado de ondas alfa consciente, no beta. Si practicas el observar puntos ciegos e imaginar tus vulnerabilidades desde un estado de ondas beta, eso podría causarte ansiedad, lo cual podría resultarte contraproducente. Asegúrate de estar en un estado de consciencia plena durante cada juego. ¡Y asegúrate de divertirte!

Consciencia en las Entradas

Cuando entres en un restaurante o cafetería, sería bueno contar con algunos ejercicios que puedas practicar ahí. La Consciencia en las Entradas es un ejercicio que aprendí de las enseñanzas de Sokaku Takeda, el famoso director de Daito-ryu Aikijujutsu del siglo XX. Daito-ryu es un sistema marcial samurái que aprendí del sensei Osaki cuando estuve en Japón. Sokaku Takeda les enseñaba a sus estudiantes cercanos que, cuando entraran o salieran por una puerta o acceso con alguien más, hicieran lo posible por ser los últimos.

La razón que dio para esta práctica era que, en las generaciones previas, muchos guerreros samuráis eran asesinados de forma inesperada por la amable persona que "gentilmente" entraba o salía detrás de ellos. El método de muerte generalmente era ahorcamiento, golpe con garrote, o corte de la garganta con una daga en el preciso momento en que la víctima cruzaba la puerta o acceso, un momento en que cualquier movimiento evasivo era prácticamente imposible.

El sensei Takeda nació en la guerra de los samuráis y su entrenamiento fue estricto. De joven, escapaba de casa para participar en combates que tenían lugar en campos de batalla. Él quería aprender sobre la naturaleza de la guerra. Descubrió que, puesto que era un niño, los guerreros de cualquiera de los dos bandos lo ignoraban, lo cual le dio, desde su perspectiva, una instrucción segura.

Siendo un adulto joven, Japón pasó a ser un país moderno. Los samuráis perdieron su posición en la sociedad y llevar un sable, el símbolo de su poder feudal se convirtió en algo ilegal.

Como una nación unificada y moderna, Japón se convirtió en un lugar extremadamente seguro para vivir, por lo que los guerreros de la antigüedad comenzaron a relajar sus protocolos de seguridad, pero no el sensei Takeda. Hasta el día en que murió, como octogenario, rehusaba tercamente entrar en un edificio antes que otra persona.

Por supuesto, en nuestro mundo moderno, es muy poco probable que te encuentres con un asesino, pero para nuestro propósito, protegerse de intentos de asesinato no es el objetivo. Más bien, el propósito de este juego es recordarte que debes estar esféricamente consciente y en la mejor posición posible cada vez que cruces una puerta u otro pasaje estrecho.

Desde la perspectiva de las personas que se encuentren contigo, el abrirles la puerta podría considerarse caballeroso, lo cual es cierto, pero ser gentil no es la razón principal de entrar el último. Para objetivos del entrenamiento, podemos usar todas las puertas, corredores u otros espacios angostos, incluyendo dichos espacios en casa, como señales que nos recuerden que debemos estar esféricamente conscientes.

Cada vez que lo recuerdes y practiques la consciencia esférica y el posicionamiento estratégico, estarás reestructurando tu cerebro a través de la plasticidad neuronal para acceder más fácilmente a la consciencia esférica. ¡Convirtamos las puertas y los pasajes en parte de tu gran juego de la consciencia!

Recuerda, mientras nuestra sociedad continúe siendo relativamente segura, se trata de un juego. No hay necesidad de meterse en dificultades por decidir quién entra el último. Simplemente, indica gentilmente a las personas que vayan delante de ti. ¡Diviértete!

Selección de Asientos

Ya has aprendido a protegerte adecuadamente de un intento de asesinato al entrar y salir caballerosamente el último. Ahora que has cruzado el umbral, usa la consciencia esférica para percibir la disposición general del edificio y las salidas. Observa qué mesa proporciona el lugar más seguro para sentarse y observar. Trata de elegir una mesa que tenga el menor número de vectores de ataque y que simultáneamente proporcione la mejor vista del espacio completo.

Teniendo en mente los criterios que te protegerían de un asesinato, sentarse junto a una ventana, puerta o pasillo, por lo general no es recomendable. También debería evitarse una mesa en el centro del espacio, rodeada de otras mesas. Generalmente hablando, una mesa en un rincón proporciona la posición más ventajosa sin exponer la espalda. Si la mesa ideal no se encuentra disponible, busca la siguiente mejor mesa que proporcione una buena vista y relativamente pocos vectores de ataque.

Una vez que hayas encontrado la mejor mesa posible, observa si puedes persuadir a tus acompañantes de sentarse ahí. Esto también es un juego que ejercitará tu capacidad de conducir a las personas a la seguridad sin que necesariamente reconozcan que lo haces.

Para hacer que las personas se sienten en la mesa de tu elección, simplemente podrías explicarles que estás aprendiendo defensa personal y que seleccionar la mesa más segura es parte de tu entrenamiento. Si no quieres divulgar esa información, podrías intentar presentar la idea de la mesa en una forma que les parezca atractiva. Por ejemplo, si estás en una cita, podrías decirle a tu acompañante que te gustaría cierta mesa en particular porque tiene una atmósfera más íntima. Personalmente, yo prefiero decir la verdad porque me ahorra mucho tiempo con las personas. Si a alguien no le gusta mi verdadero yo, la verdad nos ha ahorrado a ambos mucho tiempo.

Después de dirigirse a la mesa seleccionada, te deberás sentar en la silla más conveniente para tus deberes imaginarios de protector. Ese lugar te permitirá una consciencia visual óptima del lugar completo, mientras que también te permitirá un movimiento óptimo.

La siguiente consideración es la posición al sentarse. Sentarse en la esquina de la mesa que da hacia la pared sería mala idea, ya que limitaría enormemente tu capacidad de acción, lo que significa que serías incapaz de proteger a los demás o escapar si fuese necesario. Con la idea de la libertad de movimiento y la vocación de proteger en mente, deberás sentarte con la espalda dando hacia la pared, si es posible, pero en un lado en el que puedas ponerte de pie fácilmente, si fuese necesario.

Salidas Alternativas

Otra enseñanza de Sokaku Takeda que involucra un juego interesante es la de hallar las salidas alternativas. Cuando entres en un edificio, observa si puedes descubrir una vía alternativa para escapar mediante una puerta o ventana trasera. Para hacerlo, deberás trazar mentalmente el espacio interior del edificio.

Por ejemplo, si estás en un restaurante, una vez que se sienten todos tus acompañantes, puedes tomarte un par de minutos para ir al servicio. En un estado de consciencia esférica, levántate y dirígete hacia el servicio mientras trazas mentalmente la distribución del lugar. Presta atención a cualquier ventana y puerta. Echa un vistazo hacia la cocina para ver si hay una puerta trasera. Verifica si en el baño hay alguna ventana que pueda servir como salida.

Cuando adquieres habilidad en este juego, no te cuesta mucho tiempo encontrar salidas alternativas. Esta práctica me salvó a mí y a unos amigos de una pandilla cuando estábamos en el bachillerato. En caso de que estalle un disturbio, esta habilidad puede salvarte la vida. Hasta ese momento, se trata solo de un juego, así que diviértete.

Parte VI

Vivir en Consciencia

La meditación tradicional, como se ha practicado a través de los tiempos, ha sido casi sin excepción un retiro de la vida cotidiana. Ahora estamos entrando en una época en la cual dicha separación ya no bastará. Los seres humanos están listos para la siguiente evolución de la consciencia, la cual es vivir en consciencia.

Hemos sido condicionados a creer que la meditación debe ser difícil y que solo muy pocas personas especiales pueden dar ese paso evolutivo. Para entender la falsedad de esta idea, empleemos una parábola. Al igual que un elefante adulto en el zoológico, atado con una cuerda que fácilmente podría destrozar si su mente no estuviera condicionada por una creencia falsa, tú también podrías llegar a ver que puedes romper fácilmente las creencias antiguas que te limitan.

Mientras creas que la meditación es difícil, estarás atado. Al elefante se le inculcó esa creencia en su juventud cuando no era tan fuerte. En su etapa de desarrollo, lo ataron con una gruesa cadena metálica. El elefante forcejeaba y forcejeaba con la cadena hasta que eventualmente se cansó y dejó de luchar. Luego, el tamaño de la cadena se redujo. Cuando ya no oponía ninguna resistencia, lo ataron con una cadena contra la que nunca lucharía debido a la creencia limitante. De adulto, el elefante podría romper fácilmente la cuerda del zoológico, pero nunca lo intenta porque cree que la cuerda es indestructible.

Debido a que las formas tradicionales de meditación requieren de una concentración tremenda para ser efectivas, muchos de nosotros creemos tajantemente que no podemos vivir nuestra vida en un estado de consciencia meditativa. Dicha creencia es razonable, ya que, si tuvieras que concentrarte en una cosa y dejar de lado todo lo demás no serías capaz de leer, escribir, hablar o realizar cualquier otra de las muchas funciones de la vida diaria que requieren cierto grado de concentración para ejecutarse. Tal vez tú, como el elefante, puedas romper esa cadena. Estás listo para dar el paso evolutivo que te lleve a vivir en consciencia. Tal vez simplemente necesitas un poco de asesoramiento, un poco de orientación sobre cómo dar ese paso.

Vivir en consciencia no te demandará una gran fuerza de voluntad o esfuerzo, pero no te engañes; necesitarás persistencia. El tipo de persistencia que necesitas es como la de un niño que está aprendiendo a caminar. Se cae una y otra vez, pero continúa levantándose. Aprende a caminar no porque se establezca una meta y desee que suceda como lo hace un atleta o un emprendedor. El pequeño continúa intentando persistentemente valiéndose de las fuerzas naturales de la curiosidad y el instinto. De manera similar, tus siguientes pasos deben provenir de la curiosidad y los instintos. Con el MITM, tu mayor barrera para practicar no será una falta de fuerza de voluntad sino simplemente que se te olvide meditar durante el día. Si te acuerdas de meditar, el proceso es relativamente sencillo.

En la Parte VI, aprenderemos cómo establecer estratégicamente recordatorios de consciencia para que sea más difícil que olvides tu entrenamiento mientras te encuentras realizando las actividades de tu vida cotidiana. Posteriormente, descubriremos la verdadera naturaleza de la fuerza interior que te ha estado limitando, para que puedas apaciguar ese conflicto interno. A partir de ahí, recibirás una pauta para ayudarte a integrar la consciencia día a día, incorporando las herramientas que he presentado en este libro. Por último, exploraremos la naturaleza de la consciencia y la manera en que surge una transformación personal a medida que progresas en el camino.

Capítulo 19

Recordatorios Diarios

Uno de los mayores desafíos para integrar la consciencia en la vida cotidiana es el hábito de no estar consciente. A menos que recordemos mantenernos conscientes, el patrón habitual controlará nuestra vida diaria. Una verdadera transformación personal no puede surgir cuando la ausencia de consciencia es el capitán del barco de tu vida.

A menudo les pregunto a mis estudiantes si pueden cuantificar el porcentaje de un día promedio en el que se mantienen en consciencia esférica. La mayoría de los estudiantes, la primera vez que les hago esta pregunta, responden que entre 10 y 20 por ciento. Si le hago la misma pregunta al mismo estudiante entre tres y seis meses después, el porcentaje invariablemente disminuye, en vez de aumentar.

Esa respuesta podría desalentarnos. Y aunque su percepción haya disminuido como resultado de la práctica, ha ocurrido así porque se dan cuenta de las lagunas de consciencia que experimentan durante el día, lo cual ya es una mejora. La primera vez que hice la pregunta, los estudiantes asumieron que eran mucho más conscientes de lo que realmente eran en la práctica, por lo que su cálculo fue considerablemente alto.

Una forma sencilla de comprender el fenómeno es reflexionar sobre lo que ocurre cuando la mente divaga durante la meditación. Cuando la mente divaga, la persona no está lúcida: en ese instante, la persona misma no se da cuenta que su mente divaga. Solo cuando vuelve la lucidez, la persona despierta de esa fantasía inconsciente y se percata de que no estaba consciente. La persona podría tener dificultades para cuantificar el tiempo durante el cual no estuvo consciente, pero al menos sabe que durante un tiempo no estuvo consciente.

De manera similar, a medida que adquirimos más lucidez en nuestra vida diaria, es más probable que nos percatemos de los periodos en los que no estamos conscientes. De nuevo, dicha observación solo ocurre una vez vuelve la consciencia, pero al menos, en ese momento se registra una nota mental sobre la falta de lucidez que existió.

Cuando hice la pregunta por primera vez, los alumnos no tenían una respuesta real porque no habían estado notando los momentos en los que no estaban conscientes. Cuando volví a preguntar, los estudiantes ya habían tenido mucha experiencia notando su falta de lucidez. Tras realizar un seguimiento de sus faltas de consciencia durante varios meses, reconocieron que están mucho menos conscientes de lo que habían supuesto anteriormente.

De manera similar, la mayoría de las personas que no prestan atención a su lucidez, o falta de ella, suponen que tienen control de su vida. A menudo, hasta que comienzan a percatarse de su falta de consciencia no se dan cuenta de que están muy lejos de tener el control de su vida. Al llevar un cálculo de su lucidez, se dan cuenta de que han estado completamente atascados en una ilusión compulsiva del pasado y del futuro, es decir, una ilusión de su propia identidad.

Te preguntarás qué quiero decir con una ilusión de identidad. Si has alcanzado un lugar de claridad relajada y expandida notarás que, durante esa lucidez, solo tienes consciencia del momento. Con la consciencia, no vienen pensamientos sobre quiénes somos, de dónde venimos, nuestro origen, cultura, ideología, creencias, etcétera. Solo está la consciencia de lo que ocurre en ese instante, así que la mente, y por lo tanto la identidad, se encuentran en silencio. Por el contrario, la ilusión de identidad hace viajar a la mente por una serie de pensamientos sobre el pasado y el futuro. En cualquier caso, hay muy poco o nulo control cuando estamos atrapados en la ilusión de la identidad.

La clave para la libertad interior es recordar practicar la consciencia durante tu día. La cuestión es, si estamos inmersos en la ilusión del tiempo, como casi siempre estamos, ¿cómo recordamos practicar la consciencia? Eso es lo que te mostraré en este capítulo.

Si incorporas las herramientas de este capítulo a tu vida cotidiana, lo recordarás más a menudo y eso te ayudará a liberarte de la ilusión para que puedas experimentar la consciencia más a menudo de lo que lo harías de otro modo.

Recordatorios con la Hora

Un recordatorio de meditación es algo que eliges en el mundo físico para ayudarte a volver a la consciencia y la presencia. Para que el recordatorio funcione, necesitas reforzar una ruta neural que te lo recuerde y necesitas avanzar por esa ruta cuando te recuerde que debes estar meditativamente consciente.

Un excelente ejemplo de recordatorio es un reloj. Cuando era profesor de escuela secundaria en Japón, tenía que mirar el reloj en muchas ocasiones durante una lección con el objetivo de administrar mi ritmo, así que se convirtió en el recordatorio perfecto para mí.

Cada vez que miraba el reloj, entraba en estado de consciencia esférica. Puesto que tenía que mirar el reloj en varias ocasiones en cada clase y como tenía en promedio cuatro clases al día, eso sumaba muchos recordatorios y mucho tiempo de meditación.

Cuando estaba en la sala de profesores, usaba el reloj de mi ordenador y el reloj en la pared como recordatorios. Cada vez que veía un reloj, intentaba dedicar un momento a, al menos, hacer un ejercicio rápido de consciencia esférica tranquila. Deberías hacer lo mismo.

Para que los recordatorios de consciencia funcionen, es importante que primero programes tu mente para recordarte cada vez que veas la hora. La manera de hacer esto es la siguiente:

1. Mira el reloj. Haz un ejercicio de consciencia esférica relajada y mantente así hasta que te sientas en un estado meditativo.
2. En cuanto sientas que estás en un estado de meditación, deja de mirar el reloj y haz que tu mente se esfuerce intencionalmente en regresar a un estado no meditativo.
3. Mira el reloj de nuevo y vuelve a realizar un ejercicio de consciencia esférica.
4. Cuando te encuentres en estado de meditación, deja de mirar el reloj y haz que tu mente se esfuerce en volver a un estado de ondas cerebrales beta.
5. Repite el proceso al menos de 5 a 10 veces.

Una vez que creas que has establecido con éxito tu recordatorio, necesitas probarlo para asegurarte que funcione. Para probar el recordatorio, olvídate de la meditación y continúa con las actividades usuales de tu día. Si el recordatorio funciona, la próxima vez que mires la hora te acordarás de meditar. Si el recordatorio no funciona, significa que necesitas pasar un poco más de tiempo programando el recordatorio en tu mente.

Una vez que se ha programado un recordatorio, debes conservar la relación para mantener el recordatorio en funcionamiento. Incluso aunque puedas meditar solo brevemente cuando mires el reloj, ten en mente que el reloj estimula la reorganización de tu cerebro, permitiéndote desde ese momento una mayor facilidad para alcanzar un estado de consciencia. Si no meditas cuando miras la hora, estarás deshaciendo la asociación.

Recordatorios de Asimetría

Una de mis estudiantes, Bárbara, ideó una ingeniosa estrategia de recordatorios que me gustaría compartir contigo. Ella, inteligentemente, comenzó a alterar las cosas dentro de su casa para que le sirvieran de recordatorios. Por ejemplo, giraba un florero para que, cada vez que entrara en la habitación, el florero llamara su atención, lo cual le recordaba que debía meditar. Tú puedes hacer lo mismo con cuadros, inclinándolos intencionalmente para que llamen tu atención. Cada vez que los veas será un recordatorio para meditar.

Podrías alterar levemente la posición y dirección de los muebles, para que la asimetría llame tu atención. Ese es un excelente recordatorio. Cada vez que te percates de la asimetría, meditarás. Si hay otras personas viviendo en tu casa y les molesta que muevas las cosas de esta forma, observa si puedes hacer cambios tan sutiles que tú lo notes, pero ellos no. Este ejercicio hará que notes cambios extremadamente sutiles.

Y si simplemente no puedes soportar una ligera asimetría, observa que tu fuerza interior, la cual se siente perturbada, no está alineada con tu consciencia esférica relajada. Observa si puedes suavizar la resistencia a través de la exposición, algo muy parecido a la forma en que aprendiste a aceptar la ducha fría. Si necesitas un método gradual para vencer la resistencia a la asimetría en tu casa, podrías crear asimetrías minúsculas que notes, pero que no te molesten tanto. Conforme vayas aceptando más las pequeñas asimetrías, podrías incrementar intencionalmente la asimetría como un desafío. Entrena tu mente y cuerpo con la consciencia.

Juego de Asimetría

Si tienes una persona que esté dispuesta a ayudarte en tu proceso meditativo, podrías proponerle un juego y pedirle que altere ligeramente algo diferente en tu casa todos los días, pero sin decirte que alteró hasta el final del día.

Como parte del juego, sabes que ha alterado algo y el saberlo te llevará a prestar atención. La pura curiosidad te recordará meditar más y, desde luego, cuando encuentres el elemento que ha sido alterado, meditarás después de corregir el desequilibrio.

Al final del día, discute con esa persona si has notado correctamente el elemento que modificó. La retroalimentación que te dé te ayudará a medir tu progreso con la consciencia.

Si repetidamente no eres capaz de notar lo que tu compañero(a) cambió, deberá hacer cambios un poco más evidentes. Si detectas muy fácilmente lo que cambió, entonces tu compañero(a) debe hacer cambios un poco más sutiles. Necesitas desarrollar al máximo tu capacidad de consciencia, por lo que debes enfrentar desafíos constantemente.

Si tu compañero(a) te hace el favor de mover cosas por la casa para recordarte que medites, entonces cada vez que encuentres lo que movió, asegúrate de meditar, aunque sea brevemente y luego devuelve el objeto del recordatorio a su posición original. Si no corriges la posición del objeto, tarde o temprano, tu casa estará totalmente des ordenada, lo cual sería poco útil.

Capítulo 20

El Corazón del Caos

La mayoría de nosotros, cuando pensamos en el caos, pensamos en el impredecible mundo cambiante que nos rodea. Comprendemos que, para sobrevivir, los humanos debemos adaptarnos a nuestro entorno o intentar controlar el entorno para que se adapte a nosotros. Desde luego, todos los animales, por su propia existencia, afectan a nuestro entorno, pero lo hacen sin un plan.

Resulta innecesario decir que los animales no tienen capacidad de planificar a largo plazo. Algunos animales claramente demuestran la capacidad de planear y ejecutar una estrategia. Por ejemplo, los cuervos y las urracas pueden tomar una ramita y moldearla para atrapar hormigas en un hormiguero. Esa secuencia de acciones parece demostrar una capacidad de planear una estrategia y moldear una herramienta para ejecutar la estrategia. Estas aves parecen moldear herramientas conscientemente. Podemos observar capacidades similares en los simios y los homínidos. De la misma forma, muchos animales tienen cierto grado de capacidad consciente para ejecutar una estrategia.

No obstante, los seres humanos han llevado la capacidad de planificar y moldear el entorno mucho más lejos que el resto del reino animal. Pero, incluso con nuestras increíbles capacidades de planificación y ejecución, la mayoría de nosotros no puede establecer un simple objetivo de mejora personal y seguirlo más allá de algunas semanas. ¿Cómo es que somos capaces de transformar casi por completo nuestro entorno exterior y somos aparentemente incapaces de mejorar nuestra propia vida?

La respuesta es que existe una fuerza dentro de ti que no quiere cambiar, que no quiere mejorar, que no quiere que alcances tu verdadero potencial. Esa fuerza interior es tu mayor enemigo, disfrazado de tu mayor aliado. Llamaremos a esa fuerza "El Impostor".

El Impostor es el verdadero corazón del caos en tu vida. El Impostor habla seductoramente mediante las cosas poco saludables, el evitar hacer algunas cosas, los impulsos y las obsesiones que experimentamos con regularidad cada día.

¿De dónde proviene esa voz? ¿Dónde se ubica su trono? Si pudieses hallar ese trono, encontrarías al Impostor ahí sentado. Una vez que hallases al Impostor, ¿podrías usurpar el trono y reclamar tu lugar por derecho en la autoridad de tu vida? Si pudieras, entonces podrías establecer una meta inteligente y continuar sin titubear ni imponer resistencia interior. Si eso ocurriera, la guerra interior se terminaría y estarías en paz.

¿Has notado al Impostor en tu vida? Si no, ¿te gustaría identificarlo? Si aún no quieres verlo, está bien. Con la práctica, en algún punto del camino, naturalmente estarás listo para identificarlo, y con el tiempo, te convendrá volver a leer este capítulo.

Descubrir al Impostor

Si te gustaría tener consciencia del Impostor, a continuación, describo cómo dar el primer paso hacia una transformación poderosa.

La mayoría de las personas que se entrenan usando el método de la ducha fría del MITM, eventualmente observan un fenómeno extraño. Es probable que tú también lo notes tarde o temprano. Después de algunas semanas o meses de práctica diaria, notarás que disfrutas de las duchas frías aún más que de las duchas calientes. El hecho de que las duchas frías sean más agradables que las duchas calientes es extraño, pero hay algo aún más extraño que podrías comenzar a notar. Esto es lo que por lo general sucede.

Aunque disfrutes más de las duchas frías que de las calientes, durante el trayecto hacia tu ducha diaria, notas que existe aún cierto tipo de resistencia interna a darte la ducha de agua fría. Es una experiencia desconcertante, ya que es como si hubiera dos 'tú'. Uno parece disfrutar de las duchas frías y quiere avanzar hacia una mejor calidad de vida asumiendo desafíos y responsabilidades saludables. Ese 'tú' es refrescante e inspirador. El otro 'tú' parece detestar las duchas frías por razones que no resultan inmediatamente obvias o racionales.

A partir de tus experiencias reiteradas, sabes que disfrutas con las duchas de agua fría. Entonces, ¿por qué existe resistencia antes de tomarlas? ¿Y por qué esa resistencia parece desaparecer tan pronto como el agua fría toca tu piel? Para muchas personas no solo desaparece, sino que es reemplazada por una consciencia radiante y cierto placer.

¿Qué demonios crea esa resistencia? ¡Esa es la pregunta!

Esta es una de las preguntas más importantes que probablemente te puedas hacer, ya que cuando hayas explorado esa pregunta y encuentres la respuesta dentro de tu propio cuerpo, habrás descubierto la fuerza interior que te ha estado limitando. Habrás descubierto la causa de tu ignorancia y sufrimiento. Habrás descubierto lo que los verdaderos sabios descubren. Y una vez que hayas trascendido esa fuerza, encontrarás armonía dentro de ti.

¿Puedes definir la naturaleza del Impostor? ¿Sabes lo que es?

Transformar el Impostor

En tiempos antiguos, las personas buscaban exorcizar espíritus malignos. Podría parecer una idea tentadora, y tal vez te gustaría deshacerte del Impostor de una manera similar. No obstante, mi opinión es que ese método no será tan productivo, ya que deshacerse del Impostor sería como cortar y eliminar la mitad de tu cerebro. En vez de eliminarlo, es mejor transformarlo y hacer de esta polémica parte del 'tú' tu mayor aliado para mejorar tu vida, que en última instancia es su misión.

La próxima vez que entres en la ducha, quédate de pie directamente bajo la ducha y frente al grifo, mirándola con la intención de dejar correr el agua más fría que pueda salir mientras intentas percibir cualquier signo del Impostor. Nota la tensión, el titubeo, la ansiedad o cualquier otra sensación negativa. Nota si experimentas ansiedad, sin importar cuánta. Las sensaciones podrían ser tan sencillas como tensión en la respiración, adoptar algún tipo de postura o incluso un aliento de preparación. Todo eso podría provenir del Impostor, quien está creando la ilusión de que el agua fría será poco placentera, aunque ya sabes que no es así.

Una vez que notes los signos del impostor, observa si puedes hallar en qué parte del cuerpo está ubicado. La mayoría de las personas notarán que se ubica en el centro del diafragma, un músculo que controla la respiración. El diafragma recorre la parte inferior de tu esternón y la parte superior de la caja torácica en la parte frontal del cuerpo.

Mientras sigues observando la ducha, listo para dejar correr el agua fría, observa la sensación e identifícala tocando el punto con la yema de tu dedo. Tan pronto como hagas eso, deja correr el agua, con el objetivo de suavizar y liberar la ansiedad, el miedo y la negatividad. Quédate de pie bajo la ducha hasta que la ansiedad desaparezca, lo cual será casi instantáneo para la mayoría de las personas. Cierra el grifo y quédate ahí durante 15 o 20 segundos.

A continuación, vuelve a mirar la ducha con la determinación de ducharte de nuevo. Observa si hay titubeo o ansiedad. Si lo hay, pon tu dedo en el punto de tu cuerpo donde lo sientas. Tan pronto como toques esta zona, deja correr el agua para empaparte de nuevo. Libera toda la resistencia hasta que estés sonriendo de oreja a oreja. Repite este proceso otra vez hasta que todos los titubeos se hayan ido por completo.

Por cuestiones de seguridad, si sientes estremecimiento u otro signo de hipotermia como los enumerados en el Capítulo 17, aunque tengas todavía algunas dudas, para ahí, pero con la determinación de repetir el mismo proceso al día siguiente.

Al día siguiente, cuando te des tu ducha de agua fría, observa si puedes seguir la pauta de Un Aliento, descrita en el capítulo 14. La idea básica es que no entres en ninguna etapa preparatoria que no sea la meditación y quitarte la ropa. Haz una respiración al entrar en la ducha y deja correr el agua sin poner ninguna tensión.

A medida que avances cada día, un poco menos atado al poder negativo del Impostor, tu vida comenzará a mejorar tremendamente. Asegúrate de no desarrollar una perspectiva negativa sobre El Impostor, ya que la condena es una actitud del Impostor. Si la condena te motiva, ten consciencia de que te has engañado de nuevo. No te sientas mal al respecto, ya que esa sensación no ayuda, una señal de que también es El Impostor. Es un genio en sus juegos y no puedes ser más astuto que él. Desde luego, eres libre de intentarlo. Lo sé, lo he intentado muchas veces.

Suaviza cualquier negatividad, regresa a la consciencia esférica, y avanza con una sonrisa amable. Ese es el camino.

Capítulo 21

Incorporación Diaria

Muchos de nosotros tenemos tanto desorden en nuestra vida física, emocional, y mental, que simplemente no sabemos por dónde empezar a corregirlo. Cuando analizamos todas las áreas de nuestra vida que están desequilibradas, podríamos sentirnos agobiados, particularmente cuando pensamos en el tiempo que podría costar corregirlas. El panorama general puede no ser muy alentador. La excelente noticia es que no tienes que corregir tu vida entera. Todo lo que tienes que hacer es que este día transcurra bien, de acuerdo con cuatro pautas básicas: lo que es necesario, útil, atractivo y valioso.

Como probablemente has notado, la carencia de consciencia te deja vulnerable ante impulsos y obsesiones. La consciencia te conduce hacia lo que es necesario, útil, atractivo y valioso, de acuerdo con tus propias definiciones. La clave para incorporar la consciencia en la vida diaria no se halla en corregir toda tu vida hoy mismo, sino en simplemente hacer que este día sea bueno. Si en el día de hoy te diriges más hacia aquello que está alineado con esas cuatro pautas, entonces estás realizando progreso. Desde luego, a medida que avanzas, tus definiciones de esos cuatro criterios comenzarán a refinarse a medida que se incrementa la consciencia en tu vida. Con la experiencia, comenzarás a notar que algunas de las cosas que pensabas que eran atractivas, valiosas, útiles y necesarias ya no cumplen con los criterios. El refinamiento de tus criterios es una parte natural del proceso de la consciencia. A medida que se refinan tus criterios, también aumenta tu consciencia.

Para conseguir que tu día salga bien, necesitas que cada momento vaya bien, lo cual te exigirá un poco de consciencia. Este capítulo te proporciona una plantilla básica para ayudarte a que una mayor parte de tus momentos sean buenos, lo cual luego te ayudará a que tu día vaya en la dirección correcta, de acuerdo con tus propias definiciones.

¡Despierta!

Cuando despiertas por la mañana, ¿tu mente está lúcida o estás hundido en una interminable neblina mental? ¿Saltas inmediatamente de tu cama, o silencias el despertador y te vuelves a acomodar para dormir un rato más? La mayoría de nosotros silenciamos el despertador y nos mantenemos en un estado de desconcierto durante cerca de una hora tras despertar. Esta tendencia es comprensible considerando nuestro estilo de vida.

¿Si fueras un samurái, sería aceptable para ti esa neblina mental? ¿Si fueras un cazador-recolector, ese estado sería útil para tu supervivencia y la de tu tribu? Espero que hayas respondido "no" a esas preguntas.

De manera instintiva, sabemos que el botón del despertador y la neblina mental matutina no son compatibles con una vida que se vive con los pies en la tierra. Si reflexionamos un poco sobre nuestro estado de desconcierto, fácilmente podemos ver que es resultado del aislamiento de las presiones de la naturaleza. Cualquier animal salvaje que siguiera un patrón tan desconectado, carente de consciencia, no podría sobrevivir lo suficiente para reproducirse.

Los humanos modernos somos el resultado de miles de millones de años de evolución, la continuación de la genética que sobrevivió a todas las presiones de la vida lo suficiente para procrear con éxito. El hecho de que estés vivo en este momento parece ser el resultado del juego de lotería más inverosímil que se haya jugado jamás.

El científico Dr. Ali Binazir llevó a cabo un experimento del pensamiento que nos revela, de forma ciertamente divertida, las probabilidades de tu existencia (Spector). Aunque no hay manera de comprobar sus números, el experimento debería hacerte reflexionar y no dar tu vida por hecho tan alegremente.

El Dr. Binazir comienza suponiendo que la probabilidad de que tus padres se conocieran era de una entre 20.000 porque son 20.000 las mujeres que aproximadamente un hombre promedio conocería a lo largo de 25 años de su vida.

El siguiente supuesto es que, después de que tus padres se conocieron, se comprometieron a estar juntos un tiempo suficiente para tenerte, una probabilidad que el Dr. Binazir calcula como de uno entre 2.000. Al combinar estos dos cálculos, obtenemos que la probabilidad de existir es de uno entre 40 millones, una probabilidad verdaderamente baja. Sin embargo, el Dr. Binazir va todavía más lejos.

Posteriormente, el Dr. Binazir calcula que la mujer promedio tiene alrededor de 100.000 óvulos y que el hombre promedio produce aproximadamente 4 millones de espermatozoides. Calcula que el hecho de que el espermatozoide correcto se encuentre con el óvulo correcto tiene una probabilidad de uno entre cuatro mil billones, o 4.000.000.000.000.000.

Con ese resultado, parece que tu existencia es un milagro de milagros, pero aún el número es demasiado pequeño, ya que este número solo tiene en cuenta que tus padres se conocieran y se reprodujeran. Se pasan por alto los 4.000 millones de años de evolución de las generaciones que te preceden, remontándonos hasta el primer organismo unicelular, todo lo cual tenía una ínfima probabilidad, ya que la combinación exacta de material genético necesaria para que alguna vez nacieras debía pasar por muchos organismos.

Podrías no estar de acuerdo con estos cálculos. Podrías pensar que las probabilidades de que tus padres se conocieran eran la mitad de lo que él calculó (10.000) y que las probabilidades de que procrearan eran también la mitad (1.000), pero incluso quedándonos con la mitad de estos números, tus probabilidades de existir serían aproximadamente de 1 entre 100 millones. Y eso teniendo en cuenta solamente una generación.

Para tener todas las piezas, necesitamos considerar los 4.000 millones de años de evolución donde esas mismas probabilidades afectaban a la probabilidad existencia de cada generación que condujo hasta tu nacimiento. El número final que el Dr. Binazir obtuvo es de 1 entre 10 a la $2.685.000^{\text{a}}$ potencia, un número que excede por mucho el número de átomos calculados en el universo completo, lo cual se estima en 10 a la 80ª potencia.

¿Cómo se relacionan las probabilidades de tu nacimiento con despertar aletargado por la mañana? Tu propia existencia se basa en el hecho de que todas las generaciones que condujeron a nuestro seguro mundo moderno no despertaran aletargadas. Despertar lúcido es una prioridad genética para la supervivencia. Cuando despiertas aletargado, inevitablemente sentirás mucha más ansiedad, frustración y debilidad durante tu día, ya que tu sistema nervioso está vulnerable.

Se sabe instintivamente que encontrarse aletargado durante mucho tiempo es considerado un suicidio genético.

La pregunta es esta: ¿Cómo despertamos frescos como una rosa, listos para enfrentar al asesino imaginario en la habitación o la tarea de hacer que los niños se levanten y salgan a tiempo de manera armónica, o manejar esa reunión de negocios de la mejor manera posible? La respuesta: necesitamos una motivación poderosa para levantarnos inmediatamente al despertar.

Considera, por ejemplo, una ardilla: si tuviera la opción de dormir hasta tarde todos los días y aun así tener suficiente alimento, es probable que también apagara el despertador si pudiese. La naturaleza proporciona la motivación para el estado de vigilia de los otros animales. Si vivieses en una cabaña hecha de trozos de madera en mitad del bosque, despertarías lúcido como lo hace una ardilla.

Ya que no tienes la fuerza natural para despertar, necesitas darte tú mismo la motivación. Piensa en algún momento de tu vida en que te levantaste de la cama fresco. Es probable que, en el momento en que despertaste, tu mente recordara algo importante que necesitaba hacerse de inmediato. Afortunadamente, para despertar lúcido y a tiempo puedes usar tu instinto.

A continuación, te presento un juego que puedes realizar y que te ayudará a despertar a la manera samurái. Antes de ir a dormir, establece una intención o imagina el siguiente escenario tan pronto como despiertes: hay un extraño en la habitación y necesitas levantarte de inmediato para protegerte y proteger a toda tu familia.

Cuanto más vívidamente puedas imaginar el escenario la noche anterior, más vívidamente aparecerá en tu mente cuando despiertes. Las primeras noches que intentes esto, al despertar, podrías no recordar el escenario, pero después de varias noches de establecer esta intención, ocurrirá.

Si no te gusta imaginar un intruso en tu casa, puedes intentar otros métodos. La idea básica es crear cierto tipo de estructura de vida que te obligue a salir de la cama por la mañana, es decir, un plan de acción detallado para la primera hora de tu día. En lo personal, una motivación muy poderosa para mí es el impartir la meditación guiada del MITM por internet cada mañana para despertar rápido. Como autor que establece su propio horario, sin un compromiso de ese tipo, fácilmente podría despertar a la hora que quisiera, lo que afectaría negativamente mi salud y mi consciencia, y además arruinaría la calidad general de mi día.

Sin la exigencia de supervivencia de la naturaleza, necesitamos tener un propósito poderoso para levantarnos. Si no tienes uno por naturaleza, necesitas crearte uno. Una vez que entres en el hábito de levantarte temprano y lúcido, un patrón que puede costarte varias semanas de adquirir, tu cuerpo se sentirá comparativamente mejor durante el día. Estarás más saludable y probablemente dormirás mejor por las noches, lo que por consiguiente te ayudará a despertar lúcido y listo para tus actividades.

Si todo lo demás falla, al menos mueve tu despertador lejos del alcance de tu brazo, para que tengas que salir de la cama para apagarlo. Si te resulta fácil apagarlo, podría ser muy tentador para ti hacerlo cuando no te has entrenado en el ritual matutino.

El Baño

Una vez que estés levantado y fuera de la cama, no te permitas volver a acostarte. En su lugar, dirígete directo al baño y realiza una visita meditativa a tu maestro, el frío.

Cuando hayas terminado de orinar, abre una ventana para permitir que entre el aire fresco. Estando en un estado de meditación, siente y huele la frescura del aire. Observa el mundo a tu alrededor.

Si vas a practicar los sonidos primarios, tal vez querrás cerrar la ventana para no molestar a los vecinos, si los tienes.

Date tu ducha o baño con agua fría en estado de meditación. Sonríe.

Salir del Baño

Sal del baño en un estado de consciencia esférica. Percibe los espacios de tu casa y usa tu visión de rayos X.

Muévete silenciosamente en un estado de consciencia, como si estuvieras cerciorándote de que no hay intrusos en la casa. Fíjate en si puedes notar dónde se encuentran los miembros de tu familia y qué están haciendo antes de verlos físicamente. Haz que sea divertido.

Si te gusta beber café o té, intenta no quedarte de pie mirando contemplativo como se prepara la bebida, lo cual es una increíble pérdida de tiempo. En su lugar, presta atención a todo el espacio a tu alrededor mientras haces algo productivo.

Considera dejar a un lado el hábito de la cafeína para que no dependas de una sustancia para despertar. A mí también me encanta el café.

El Día

Inicia tu día prestando atención a los recordatorios que pusiste. Cada vez que recuerdes meditar espontáneamente o te encuentres con un recordatorio, asegúrate de entrar en un estado de consciencia esférica, aunque sea durante solo un minuto.

Cuando entres en estado de consciencia esférica, observa si puedes reducir la cantidad de esfuerzo que requiere la transición y si puedes mantener ese estado durante más tiempo.

A medida que avances en tu día, observa al Impostor, quien justifica, retrasa, evita, critica y condena. Cada vez que notes esa energía, aligera tu espacio interior y vuelve al estado de consciencia esférica.

Hora de dormir

Antes de acostarte, haz un recuento de tu día. ¿Qué clase de impulsos y obsesiones experimentaste? ¿Te dejaste llevar por ellas, o no? ¿Qué cosa hiciste que fuera atractiva pero no valiosa, si hubo alguna? ¿Reforzaste algún hábito poco útil y alguna comodidad distractora? Dichas actividades no nacen de la consciencia.

Antes de dormir, traza un plan para dedicarte más a aquello que es atractivo, valioso, útil y necesario, de acuerdo a tu propia definición, no a la comodidad compulsiva. La comodidad tiene su tiempo. En la medida adecuada, la comodidad es necesaria y valiosa, pero la comodidad no debería manejar tu vida.

¿Cumpliste todas las cosas que te habías propuesto hacer? Hazte esta pregunta sin pena ni culpa, ya que dicha energía no nace de la consciencia, así que no ayudará en nada a tus objetivos positivos para tener una vida mejor.

Después de reflexionar sobre tu día, establece tu objetivo de despertar lúcido y pasar un poco más de tiempo en un estado de consciencia de lo que lo has hecho hoy. Por último, mantén tu entrenamiento ligero y divertido. Haz de este proceso una aventura. No lo hagas un asunto tan serio.

Capítulo 22

Transformación

Ocurre una cosa extraña cuando evaluamos la estabilidad de nuestras prácticas de meditación bajo presión como lo hacemos con el entrenamiento del MITM. Inicialmente, los desafíos podrían parecer imposibles, pero con persistencia, pronto descubrimos que la calidad de nuestra vida comienza a mejorar. Vemos que tenemos más energía, estamos más inspirados y hacemos más cosas. En pocas palabras, nos sentimos mejor, y esa sensación positiva parece proyectarse hacia el mundo que nos rodea.

Practicando de manera repetida durante varios meses, la mayoría de las personas se darán cuenta de que pueden producir con facilidad todos los sonidos primarios sin ningún titubeo notable: A, I, U, E, O, M, y N. Para este momento, la mayoría de las personas disfrutan tanto las duchas de agua fría que se lavan el cuerpo de esta manera y solo usan agua caliente para lavarse el pelo.

Por lo general, al tomar duchas de agua fría durante un mes, las personas están listas para comenzar a poner a prueba su meditación de consciencia visual dentro de la ducha y, poco después, la consciencia esférica. Eventualmente, observan al Impostor y comienzan a trabajar para aligerar y liberar el miedo que alimenta esa fuerza interior.

Con persistencia, no te costará demasiado tiempo poder meditar con relativa facilidad en cualquier lugar que te encuentres; verás que puedes meditar aun caminando, corriendo o haciendo muchas otras actividades extenuantes. La consciencia se convierte en una parte integral de tu vida diaria. Aún más importante es el hecho de que puedes despertar y dormirte con una sonrisa en el rostro porque simplemente te sientes bien.

En el proceso del entrenamiento, es probable que notes que dejas de postergar cosas que deben hacerse porque te das cuenta que cada vez que evitas hacer lo que es necesario, acumulas un tipo de deuda psíquica y esa deuda pone un peso sobre ti. Al notar el precio que pagas por postergar tus responsabilidades, comienzas a hacerte cargo de las cosas inmediatamente y eso libera tu mente.

Cuando la mente se libera de la deuda psíquica, tienes acceso a más energía e inspiración, lo cual naturalmente te conduce a enfrentar miedos, traumas y otros obstáculos interiores que te han estado condicionando. A medida que se diluyen esos miedos y obstáculos interiores, naturalmente te sientes atraído hacia la idea de asumir responsabilidades cada vez mayores sin otra razón más que porque te sientes bien al hacerlo.

Con la práctica, también notarás que ya no caes presa de impulsos y obsesiones tan a menudo. Además, estarás más dispuesto a ser honesto contigo mismo y con los demás. Ya no estarás dispuesto a someterte a las personas en un intento por agradarles o dominarlas con la intención de experimentar poder. A medida que se fortalece nuestra energía, surge una claridad interior y la ansiedad decae.

Con una práctica persistente y sincera pero lúdica, comenzarás a notar que otras personas te tratan diferente. Podrían comenzar a abrirse nuevas oportunidades para ti, ya que otras personas verán que tienes cualidades admirables. Algunas personas podrían decirte que les gustaría ser más como tú y algunas incluso te pedirán consejo sobre cómo mejorar sus vidas.

Surge una confianza natural que no tiene nada que ver con la identidad o lo que las personas piensan de ti. Esta confianza es la ruina de las personalidades tóxicas. Muy naturalmente, algunas personas tratarán de evitar tu progreso consistente, ya que dejarás de ser la persona que antes eran capaces de controlar. Por otro lado, otras personas comenzarán a alejarse de ti. Podrías dejarlas ir sin ningún sentimiento negativo hacia ellas, o tal vez podrías aguantar fingiendo ser todavía la persona que ellas pueden controlar. Es tu vida, depende de ti. Por consiguiente, una vez que tengas la suficiente consciencia para ver con claridad la naturaleza del Impostor, probablemente avances hacia una mayor salud sin importar lo que otros quieran o piensen de ti, lo cual significa que te habrás liberado de sus mecanismos de control.

Transformación

Con persistencia, podrías comenzar a sentirte una persona totalmente nueva, transformada a través del entrenamiento diario del MITM. En ese momento, comprenderás por qué el viejo "tú" era tan incapaz y débil, pero ya no te sentirás como esa persona. Por otra parte, podrás mirar a otras personas y ver dentro de ellas lo mismo que te estaba condicionando a ti, es decir, El Impostor.

Si después de un entrenamiento sincero y largo, El Impostor continúa ahí, verás que se habrá suavizado y que se resistirá a tus sabios objetivos notablemente menos de lo que lo hacía antes de que comenzaras a seguir el entrenamiento del MITM. Puesto que experimentas menos resistencia interior y menos caos interior, sientes que puedes manejar la vida mucho más fácilmente. La mejora que ves continuará impulsándote hacia la consciencia sin importar las circunstancias externas de la vida. En algún punto, te darás cuenta de que simplemente no puedes volver a la vida que tenías antes del entrenamiento del MITM, ya que esa forma de vivir ya no te resulta interesante.

Si continúas con el entrenamiento, dentro de uno o dos años, es probable que tu vida entera se transforme positivamente, no solo porque han cambiado de manera positiva las circunstancias externas, sino porque desde la abundancia de tu corazón, algo hermoso y saludable se desborda hacia el mundo. Todo esto surgió porque decidiste desafiar tu consciencia meditativa con duchas de agua fría y una práctica diaria de vida.

Recuerda, si aplicas las herramientas de este libro para trascender la resistencia que experimentas en tu vida cotidiana, nada podrá detenerte, puesto que habrás recorrido un largo camino hacia la superación de tu mayor desafío, la lucha que se encuentra en tu interior. No hay mayor desafío en el mundo que ese.

¡Continúa tu entrenamiento!

Tu amigo en asuntos de consciencia,
Richard L. Haight
10 de junio de 2020

Referencias Rápidas

Equilibrar los Hemisferios Cerebrales a Través de la Plasticidad Neuronal (Capítulo 1)

Cualquier cosa que puedas hacer con tu mano dominante, practícala con tu mano menos hábil, intentando igualar las capacidades de la mano izquierda y la mano derecha. Algunos excelentes ejercicios que puedes hacer son escribir, dibujar, comer, cepillarte los dientes, peinarte, asir objetos, lanzar, batear, jugar a los bolos, etcétera.

Respiración Vaga (Capítulo 2)

1. Siéntate de una forma segura en caso de que te desmayes.
2. Llena tus pulmones de aire y mantenlo mientras tensas todo tu cuerpo. También asegúrate de tensar el rostro levemente. Mantén la tensión junto con la respiración.
3. Aunque parezca que tus pulmones están llenos, en realidad no es el caso. Sin exhalar el aire de tus pulmones, inhala nuevamente para llenar tus pulmones por completo.
4. Contén el aire y la tensión física el mayor tiempo posible.
5. Cuando ya no puedas contener la respiración, exhala lentamente y relaja tu cuerpo. Permite que tu cuerpo respire naturalmente.

Sentir los Sonidos Primarios (Capítulo 5)

1. Siéntate recto o quédate de pie, pero de manera cómoda.
2. Relaja el cuerpo y despeja la mente mientras sientes todo tu cuerpo físico.
3. Comienza a vocalizar el sonido de "A" mientras sientes las vibraciones en el cuerpo durante algunos segundos. Nota la forma y dirección de la trayectoria de las vibraciones.
4. Cambia al sonido de "I" durante algunos segundos y observa el cambio de las vibraciones en cuanto a forma, en comparación con emitir el sonido "A". Nota la dirección en la que viaja el sonido.
5. A continuación, cambia al sonido de "U" durante un breve momento. Siente y nota la forma y duración de la trayectoria del sonido en comparación con el sonido de "I".
6. Cambia al sonido de "E" y observa el cambio, la forma y la trayectoria del sonido.
7. Cambia al sonido de "O" y siente sus cualidades.
8. Haz el sonido de "Mmm" y nota su naturaleza.
9. Finalmente, produce el sonido "Nnn" y siente su dimensión.
10. Prodúcelos todos en una sola respiración, mientras sientes el cambio entre ellos: "A", "I", "U", "E, "O", "Mmm", y "Nnn".

Sensibilidad a los Sonidos (Capítulo 6)

Haz todos los sonidos, "A", "I", "U", "E, "O", "Mmm", y "Nnn" mientras sientes todo tu cuerpo. Nota qué sonidos le parecen más agradables a tu cuerpo y cuáles menos agradables.

Terapia con Sonidos (Capítulo 6)

1. Realiza cada sonido mientras sientes la respuesta del cuerpo, "A", "I", "U", "E, "O", "Mmm", y "Nnn".
2. En este momento, tu cuerpo percibirá el sonido terapéutico como agradable o satisfactorio.
3. Practica el sonido que produce la sensación más positiva durante 5-10 minutos.

Aliento de Fuego (Capítulo 8)

- Se usa al inicio de una ducha fría para controlar la respiración.
- Transforma intencionalmente la respiración espasmódica en inhalaciones y exhalaciones rápidas y completas.

Probar el Poder de las Duchas de Agua Fría (Capítulo 8)

1. Espera hasta que tengas sensaciones negativas o te encuentres molesto.
2. Dirígete a la ducha, quítate la ropa y ponte debajo del flujo del agua más fría que pueda salir de tu ducha con la intención de que el brusco contacto del agua fría arrastre consigo la negatividad.
3. Quédate exactamente debajo del flujo del agua durante al menos un minuto usando el Aliento de Fuego.
4. Dirige el agua a tu rostro, cabeza, pecho y espalda; a los lugares que causen que tu respiración se contraiga más.
5. Intenta no apartarte del agua por ninguna razón.
6. Tras controlar tu respiración, intenta relajarte.
7. Libera intencionalmente la negatividad con tu respiración.
8. Después de un minuto, cierra el agua, sal de la ducha y sécate el cuerpo.
9. Observa cómo te sientes.

Primera Ducha de Entrenamiento (Capítulo 8)

1. Pon un temporizador de 10 minutos antes de comenzar el entrenamiento de la ducha de agua fría para recordarte salir una vez transcurrido dicho tiempo.
2. Para obtener los mayores beneficios de una ducha de agua fría, hazlo a primera hora de la mañana después de usar el servicio.
3. Sin pensarlo demasiado, quítate la ropa, métete en la ducha y, si puedes lograrlo, colócate justo debajo de la ducha.
4. Abre el agua para que salga lo más fría posible.
5. Observa si experimentas estremecimiento o respiración inestable.
6. Durante el primer minuto, usa el aliento de fuego para controlar tu respiración mientras diriges el flujo de agua directamente a los lugares que provocan más tensión en tu respiración.

7. Una vez transcurrido el primer minuto, intenta permanecer en la ducha de agua fría el mayor tiempo posible, pero no más de 10 minutos.

Método Gradual (Capítulo 8)

1. Dirige el agua de la ducha primero hacia tus pies, luego gradualmente hacia tus piernas, tu entrepierna y luego a tu abdomen bajo. También puedes dirigir el agua hacia tus brazos antes de finalmente dirigirla hacia tu torso, rostro, cabeza, hombros y espalda.
2. Registra mentalmente el tiempo que permaneciste en el agua fría y, si fuiste capaz de regular tu respiración, aproximadamente cuánto tiempo te costó lograrlo.
3. Una vez que termines la ducha, sécate inmediatamente.

El Método del Lavabo (Capítulo 8)

1. Pon la cabeza bajo el grifo del lavabo y deja que el agua fría corra por tu cabeza.
2. Con la mano, dirige el agua sobre tu cara y cuello.
3. Continua este proceso durante al menos un minuto.
4. Cuando termines con la cabeza, rostro y cuello, deja correr el agua fría por tus brazos.
5. Una vez que hayas terminado con el agua, mantén la cabeza en el lavabo durante un par de minutos para dejar que escurra el agua y que te dé el aire.
6. Presta atención a tu respiración. Podrás notar que exhalas pausadamente, ya que tu cuerpo absorbe naturalmente una buena cantidad de aire y lo libera de manera estimulante.
7. Sécate y continúa con tu día.

Síndrome de Raynaud y las Duchas de Agua Fría (Capítulo 9)

1. Date la ducha de agua fría mientras te encuentres de pie en una bañera con agua caliente.
2. Cuando termines tu ducha, métete por completo en la bañera de agua caliente para elevar rápidamente tu temperatura interna, lo cual hará que la sangre vuelva a las áreas afectadas por la patología.

Para casos extremos:

1. Llena primero la bañera con agua caliente y métete hasta que tu cuerpo se llene de calor.
2. Una vez que la batería del cuerpo se cargue de calor, ponte de pie dentro del agua caliente y deja correr el agua fría de la ducha. Al hacer esto, te darás cuenta de que el frío no parece tan brusco, ya que tu cuerpo está irradiando calor.
3. Una vez que termines tu ducha, si tienes algún síntoma del síndrome de Raynaud, vuelve a meterte en el agua caliente de la bañera para calentarte.

Otras Discapacidades (Capítulo 9)

1. Usando tu lavabo o un cubo de agua fría, moja un paño y úsalo para esparcir el agua fría por todo tu cuerpo.
2. Remójalo continuamente en agua fría a medida que humedeces tu cuerpo para mantener el frío.
3. Una vez que hayas mojado tu cuerpo, sécate al aire. Un buen indicador de que debes evitar secarte al aire es la aparición del más mínimo síntoma del síndrome de Raynaud.
4. Mientras te secas al aire, probablemente experimentarás estremecimiento y tus pezones se endurecerán. Esto está bien.
5. Si tienes cualquier otro síntoma de hipotermia, asegúrate de cubrirte bien con una toalla y vístete.

Medir el Progreso a Través de los Sonidos Primarios (Capítulo 10)

1. Justo antes de entrar en la ducha, llena tus pulmones de aire y comienza a vocalizar en voz alta los sonidos primarios de "A" para lograr un punto de referencia para la estabilidad del sonido cuando no estás bajo presión.
2. Asegúrate de abrir tu boca lo suficiente para que el sonido resuene correctamente, pero no lo hagas tan fuerte que acabes fastidiando a tu familia.
3. Continúa entonando el sonido hasta que te quedes sin aire.
4. Ahora que tienes tu punto de referencia para el sonido primario, entra en la ducha, inhala de nuevo, y comienza a producir el sonido.

5. Deja correr el agua de inmediato y deja que caiga sobre tu cabeza, pecho y espalda, especialmente en las áreas más desafiantes.
6. Nota si tu entonación del sonido primario se vuelve temblorosa.
7. Cada día intenta producir los mismos sonidos largos usando todo tu cuerpo en la ducha fría, como los produces antes de entrar al agua.
8. Date cuenta de que hasta la más mínima contracción de tus pulmones puede escucharse y sentirse fácilmente al entonar los sonidos.
9. Cuando puedas hacer un sonido perfecto de "A", el siguiente desafío sería intentar el sonido de "O".
10. Una vez que puedas producir correctamente el sonido de "O", pasa al sonido de "Mmm" y observa cómo te va.
11. Una vez que domines el sonido de "Mmm", intenta el sonido de "E", el de "U" y el de "I", para hallar el siguiente desafío adecuado. No olvides el sonido de "Nnn".

Aprender la Relación Entre los Niveles de Energía y la Resistencia (Capítulo 11)

1. Date tu ducha de agua fría a la hora del día en la que tengas tu mayor nivel de energía.
2. Nota el grado de resistencia mental y física que experimentas antes de abrir el agua, cuando tienes tu mayor nivel de energía.
3. Observa el nivel de incomodidad que sientes en la ducha y la cantidad de tiempo que eres capaz de permanecer en el agua fría, en comparación con los días en que tomas una ducha de agua fría justo al despertar.

Experimento: Cargar el Cuerpo de Calor (Capítulo 11)

1. Inmediatamente tras levantarte, ve al baño y llena la bañera con agua caliente a tu gusto.
2. Utiliza el servicio y, cuando la bañera esté llena, quítate la ropa y métete en ella.
3. Quédate en el agua caliente de cinco a diez minutos para elevar la temperatura interior de tu cuerpo.
4. Una vez que tu cuerpo esté cargado de calor, vacía el agua, ponte de pie y quédate bajo la ducha.

5. Deja correr el agua fría y observa cómo reacciona tu cuerpo al frío, en comparación con las veces en que no cargas tu cuerpo de calor.

Trascender los Diálogos Mentales de Resistencia (Capítulo 11)

1. Detecta los momentos en que surge resistencia y la narrativa mental que viene con ella.
2. Observa cómo una fuerza interior desea hacer lo que es saludable y otra fuerza interior parece tener el objetivo de evitar la incomodidad.
3. Observa qué fuerzas predicen nuestras acciones o falta de ellas, ya que dichas fuerzas representan nuestros patrones más profundos, muchos de los cuales podrían necesitar relajarse si queremos progresar realmente.
4. Protege las fuerzas interiores saludables haciendo caso a sus deseos de manera consistente.

Superar los Diálogos Mentales de Resistencia a través del Auto Asesoramiento (Capítulo 12)

1. Cuando notes una narrativa interior que oponga resistencia a las duchas de agua fría, observa si te parece que es tu voz. Si parece tu voz, significa que estás identificado con esos pensamientos y emociones, lo cual quiere decir que piensas que son tú.
2. Haz una pausa, relájate y aclara completamente tu mente.
3. Una vez que estés relajado y despejado, intenta utilizar el método del lavabo que aprendiste en el Capítulo 8.
4. Te darás cuenta de que eres capaz de usar este método, ya que representa una versión más sencilla que la amenaza de la ducha de agua fría, a la cual esa fuerza interna se resiste tanto.
5. Una vez que tu nervio vago esté estimulado después de realizar el método del lavabo, considera de nuevo la ducha. ¿Estarías dispuesto a mojarte los pies? Es probable que la respuesta sea "Sí".
6. Métete en la ducha y mójate los pies sin reflexionar mucho en ello.
7. Mantén el agua fría de la ducha en tus pies y luego pregúntate si podrías intentar dirigir el agua a la parte inferior de tus piernas. Es muy probable que puedas hacerlo.
8. Ahora prueba en la parte superior de tus piernas.

9. Continúa hasta que finalmente llegues a un punto en el que ya no quieras seguir avanzando. Si llegas a un punto que parece una barrera impenetrable, detente, sal y dalo por concluido.
10. Al siguiente día haz lo mismo y observa hasta dónde puedes llegar. Es probable que en el lapso de una semana o dos, puedas darte la ducha completa casi sin experimentar resistencia interior.
11. El siguiente paso para lidiar con la poco productiva fuerza interna es ver si ahora puedes entrar directamente en la ducha y acelerar el proceso de exposición al agua fría haciéndolo un proceso continuo en vez de un proceso de varios pasos.
12. Con persistencia durante varios días o semanas, solo te costará de 10 a 20 segundos dirigir el agua a tu cabeza.
13. Una vez que llegues a ese punto, el siguiente paso es ver cuánto tiempo puedes quedarte en el agua fría.
14. Detente cuando la resistencia sea demasiado fuerte.
15. Eventualmente, deja atrás los incrementos graduales.

Iniciar con Agua Tibia (Capítulo 13)

1. Entra en la ducha con la intención de usar primero agua tibia, y poco a poco abre el agua fría mientras te adaptas tanto física como mentalmente durante la sesión.
2. Con el paso de los días, podrás tomar gradualmente duchas con agua más fría.

Superar la Volubilidad a través del Auto Asesoramiento (Capítulo 13)

1. Detecta los momentos en los que tu cuerpo parezca no querer enfrentarse a la ducha.
2. Nota sensaciones elusivas como querer volver a dormir o tal vez desear cambiar la rutina matutina para postergar la ducha.
3. Experimenta la sensación durante un momento para percatarte de su presencia, luego despeja tu mente y medita un poco para alcanzar un estado de consciencia tranquila.

4. Una vez que estés tranquilo y tu consciencia esté centrada, ponte en contacto con la energía o fuerza dentro de ti que realmente quiere que te hagas más fuerte, más saludable y más consciente.
5. Una vez que hayas contactado con la fuerza benevolente, pregúntate si darte una ducha de agua fría es mejor para ti que no hacerlo.
6. Si eliges la parte positiva que intenta que alcances tu potencial como ser humano, sabrás diferenciar cuándo estás tratando de escapar a la incomodidad inconscientemente y cuándo existe una razón válida para evitar o postergar la ducha ese día.

Aplicar el Principio de un Aliento (Capítulo 14)

Cuando tengas una buena idea o un plan de acción, sin que pase más tiempo que el que dura un aliento, toma alguna forma de acción física para ayudar a poner en el mundo el pensamiento o el plan, por ejemplo, escribir tus ideas en una libreta de bolsillo.

Meditación de Consciencia Visual (Capítulo 15)

1. Establece un temporizador de 15 minutos.
2. Siéntate cómodamente con los ojos abiertos, sin forzarlos. Despeja tu mente y mira directamente hacia el frente con el objetivo de abarcar todo tu campo visual.
3. Para asegurarte de que abarcas todo tu campo visual, sin mover los ojos, haz una nota mental de un lugar u objeto al lado derecho, que marca el límite exterior de tu campo visual.
4. Encuentra marcadores para el lado izquierdo, así como el punto más alto y el punto más bajo que veas.
5. Mantente visualmente consciente de la amplitud total de tu campo visual.
6. Relaja todo tu cuerpo, pero especialmente los ojos, los labios, la mandíbula, el cuello, los hombros, las manos y la respiración.
7. Nota las diferencias entre la visión enfocada y la visión periférica (no enfocada) en términos de cómo cada práctica hace sentir a tu cuerpo. ¿Cuáles son los beneficios de cada modo visual, como tú los experimentas?
8. Después de 15 minutos de hacer meditación de consciencia visual sentado, desafía tu meditación mirando alrededor con la vista desenfocada.

9. Intenta mover un brazo o una pierna.
10. Intenta levantarte y sentarte de nuevo.
11. Intenta caminar un poco.

Meditar Bajo Presión (Capítulo 15)

1. Antes del entrenamiento de la ducha de agua fría, pon un temporizador de 10 minutos para recordarte salir una vez concluido ese tiempo.
2. Antes de entrar al baño, ponte en estado meditativo a través de la meditación de consciencia visual.
3. Relaja profundamente tu cuerpo y tu mente sin pensar en la ducha.
4. Si puedes, entra en la ducha sin haber pensado en absoluto en el agua fría.
5. Asegúrate de seguir consciente antes de abrir la ducha.
6. Observa si puedes abrir el agua mientras mantienes la relajación física y mental.
7. Mantén la vista desenfocada.
8. Si te das cuenta de que tu mente o tu cuerpo se tensan con anticipación cuando ves el grifo, entonces sabrás que el miedo y la anticipación a la incomodidad te han sacado de tu estado de consciencia primaria.
9. Observa lo que hace la mente. No necesitas hacer nada en particular con respecto a la tensión, más que relajar tu cuerpo y despejar tu mente de nuevo mientras miras el grifo de la ducha.
10. Una vez que te hayas relajado, comienza tu ducha dirigiendo el agua fría hacia tus pies, usando el método gradual que aprendimos en el Capítulo 8.
11. En el momento en que sientas que tu meditación se rompe o se debilita, aleja el flujo del agua de la ducha y vuelve a meditar antes de volver a intentar el proceso gradual.
12. Ve lo más lejos que puedas, manteniéndote en meditación.
13. Intenta permanecer en un estado de meditación mientras diriges el agua de la ducha a tu rostro y cierras los ojos. Recuerda relajarte lo más que puedas y permanecer con la mente despejada.
14. Asegúrate de estar en un estado alfa consciente (consciencia meditativa) cuando salgas de la ducha.
15. Sécate y vístete aún en meditación.
16. Sal del baño y observa durante cuánto tiempo puedes comenzar a hacer tus actividades diarias manteniendo el estado consciente.

Meditación de Consciencia Esférica (Capítulo 16)

1. Mirando directamente hacia el frente, dirige tu atención brevemente hacia tu izquierda sin mirar ahí físicamente.
2. Ahora haz lo mismo con el lado derecho.
3. Inténtalo otra vez llevando la atención hacia atrás.
4. Hazlo una vez más, rápidamente en cada dirección, izquierda, derecha, atrás, arriba, abajo.
5. Ahora inténtalo otra vez, pero relajado.
6. Observa durante cuánto tiempo puedes permanecer en un estado de consciencia esférica relajada.

Consciencia Esférica para el Entrenamiento bajo Presión (Capítulo 16)

1. Antes del entrenamiento de la ducha de agua fría, pon un temporizador de 10 minutos para recordarte salir una vez concluido ese tiempo.
2. Asegúrate de estar en un estado de consciencia esférica antes de entrar en el baño de agua fría.
3. Observa si puedes entrar y sentarte en un solo movimiento armónico y consciente, que fluya hacia el siguiente movimiento sin pausar ni titubear.
4. Una vez que estés sentado, extiende lentamente tus piernas para sumergirlas completamente.
5. Una vez que tus piernas estén totalmente mojadas, contén la respiración y recuéstate de manera más relajada posible para sumergir tu torso y cabeza.
6. Permanece sumergido el mayor tiempo posible que puedas contener la respiración, mientras estás en un estado de consciencia esférica.
7. Una vez que estés listo para volver a inhalar, siéntate y relájate completamente en un estado de meditación profunda.
8. Cuando te sientes, el calor de tu cuerpo calentará el agua a tu alrededor y esto creará una barrera aislante del agua más fría. Cada cierto tiempo usa tus manos y piernas para mover suavemente el agua alrededor de tu cuerpo para que experimentes la temperatura más fría del agua.
9. Después de aproximadamente un minuto de sentarte en meditación, de manera sutil, contén la respiración y vuelve a sumergir la parte superior de tu cuerpo y tu cabeza hasta que estés listo para volver a inhalar.

10. A los 10 minutos (o antes si comienzas a experimentar síntomas de hipotermia) sal sutilmente de la bañera todavía en un estado de consciencia esférica.
11. Sécate y vístete, y continúa tu día en un estado de consciencia esférica.

Una vez que aprendas a mantenerte en un estado de consciencia esférica mediante el baño básico que he descrito anteriormente, olvida los fromalismos y haz lo que te plazca mientras estés en el baño de agua fría. Experimenta a fondo las sensaciones, permaneciendo en un estado profundo de consciencia esférica.

Días de Enfermedad (Capítulo 17)

1. Si una mañana no te sientes bien, podrías omitir el baño de agua fría e incluso la ducha de agua fría y en su lugar utilizar solamente el método del lavabo.
2. Si tu energía es extremadamente baja, tienes fiebre, escalofríos, o signos de enfermedad, evita todas las formas de entrenamiento con agua fría, puesto que pueden debilitar tu cuerpo aún más. Descansa en días así.
3. Si no te sientes enfermo, pero te sientes con poca energía, podrías continuar tu entrenamiento utilizando el método del lavabo, detallado en el Capítulo 8.

Síntomas de la Hipotermia (Capítulo 17)

- Estremecimiento
- Dificultad para articular correctamente las palabras
- Respiración lenta, corta
- Pulso débil
- Torpeza de movimientos o falta de coordinación
- Mareo o energía extremadamente baja
- Confusión o pérdida de memoria
- Pérdida de la consciencia

Factores de Riesgo de la Hipotermia (Capítulo 17)

- La fatiga o el cansancio reduce tu tolerancia al frío.
- Las personas mayores pueden tener una menor capacidad de regular su temperatura corporal y percibir los síntomas de la hipotermia.
- El cuerpo de los adolescentes pierde calor más rápido que el de los adultos.
- Los problemas mentales como la demencia y otros padecimientos podrían interferir con el juicio o la consciencia de los síntomas de la hipotermia cuando aparecen.
- El alcohol causa que los vasos sanguíneos se expandan, lo que puede hacer que el cuerpo se sienta caliente. Debido a la expansión de los vasos sanguíneos cuando deberían contraerse para protegernos del frío, el cuerpo pierde calor más rápidamente. Además, el alcohol disminuye la respuesta natural del estremecimiento, que es uno de los primeros signos que indican que debes salir del agua. Con el alcohol, también hay riesgo de sufrir un desmayo en el agua.
- Las drogas recreativas afectan el juicio y pueden provocar un desmayo en el agua fría.
- Los padecimientos de salud que afectan la regulación de la temperatura corporal, como el hipotiroidismo, la anorexia nerviosa, la diabetes, los derrames cerebrales, la artritis severa, el Parkinson, los traumatismos y las lesiones de la columna vertebral incrementan el riesgo de hipotermia.
- Los fármacos como los antidepresivos, los antipsicóticos, los medicamentos para el dolor y los sedantes pueden reducir la capacidad del cuerpo para regular el calor.

Meditación en un Baño de Agua Fría (Capítulo 17)

1. Antes del entrenamiento de la ducha de agua fría, pon un temporizador de 10 minutos para recordarte salir una vez concluido ese tiempo.
2. Asegúrate de estar en un estado de consciencia esférica antes de entrar al baño de agua fría.
3. Observa si puedes entrar y sentarte en un solo movimiento armónico y consciente, que fluya hacia el siguiente movimiento sin pausar o titubear.

4. Una vez que estés sentado, extiende lentamente tus piernas para sumergirlas completamente.
5. Una vez que tus piernas estén totalmente mojadas, contén la respiración y recuéstate de la manera más relajada posible para sumergir tu torso y cabeza.
6. Permanece sumergido el mayor tiempo posible que puedas contener la respiración, mientras estás en un estado de consciencia esférica.
7. Una vez que estés listo para volver a inhalar, siéntate y relájate completamente en un estado de meditación profunda.
8. Cuando te sientes, el calor de tu cuerpo calentará el agua a tu alrededor y esto creará una barrera aislante del agua más fría. Cada cierto tiempo usa tus manos y piernas para mover suavemente el agua alrededor de tu cuerpo para que experimentes la temperatura más fría del agua.
9. Después de aproximadamente un minuto de sentarte en meditación, de manera sutil, contén la respiración y vuelve a sumergir la parte superior de tu cuerpo y tu cabeza hasta que estés listo para exhalar.
10. A los 10 minutos (o antes si comienzas a experimentar síntomas de hipotermia) sal tranquilamente de la bañera todavía en un estado de consciencia esférica.
11. Sécate, vístete y continúa tu día en un estado de consciencia esférica.
12. Una vez que aprendas a mantenerte en un estado de consciencia esférica mediante el baño básico que he descrito anteriormente, olvida los formalismos y haz lo que te plazca mientras estés en el baño de agua fría. Experimenta a fondo las sensaciones, permaneciendo en un estado profundo de consciencia esférica.

Visión de Rayos X (Capítulo 18)

1. Con los ojos abiertos, imagina que tienes visión de rayos X y que te permite ver a través de las paredes de las habitaciones, las puertas, los pasillos, etcétera, que están más allá de tu visión física.
2. Si estás en el exterior, podrías visualizar la distribución del terreno, los árboles, las colinas, los ríos, etcétera, que se encuentran más allá de tu visión física.

3. Crea un mapa mental muy general en 3D de tus alrededores, de tal forma que, si cerraras los ojos, pudieras imaginar el espacio entero que incluye objetos evidentes, como muebles.

Girando con Visión de Rayos X (Capítulo 18)

1. Levántate y echa un vistazo para crear un mapa mental de tus alrededores.
2. Una vez que hayas trazado mentalmente tus alrededores, extiende tu consciencia de manera esférica por toda el área como ya has aprendido a hacerlo.
3. Una vez que hayas extendido tu consciencia, cierra los ojos mientras activas tu visión de rayos X imaginaria y comienza a girar lentamente sobre tu posición, como las manecillas de un reloj.
4. Mientras giras lentamente con los ojos cerrados, selecciona un objeto como una habitación o una puerta para apuntar hacia ella tras realizar varias rotaciones de 360 grados.
5. En cuanto sientas que esa habitación u objeto está alineado con tu nariz, detente y señálalo manteniendo los ojos cerrados.
6. Abre los ojos para verificar tu precisión.

Vista Topográfica (Capítulo 18)

1. En un estado de meditación, imagina que tu "visión espiritual" se eleva por encima de tu cuerpo, alcanzando una gran altura, para observar la topografía que te rodea.
2. A medida que te desplazas, continúa actualizando la vista topográfica.

Juego del Asesino (Capítulo 18)

En este juego, imagina que otras personas son asesinos que te siguen
1. Expande tu consciencia esférica a través de todo el espacio de tu casa, por ejemplo, con el objetivo de percibir dónde se encuentran otras personas en todo momento.
2. Para anotar un punto en este juego, necesitas percibir cuándo se acerca alguien, antes de que se encuentre a 3 m de ti.

3. Si alguien se aproxima a 3 m de ti antes de que te percates, entonces has sido asesinado. En ese caso, tu "oponente" se lleva un punto.
4. Al final de cada día, registra cuántas veces evitaste el 'asesinato' y cuántas veces fuiste 'asesinado'.
5. Incrementa el desafío a medida que te hagas más habilidoso, añadiendo más metros a la distancia del asesino.

Puntos Ciegos (Capítulo 18)

1. En un estado de meditación, comienza a percibir dónde miras cuando caminas dentro de tu casa, cuando conduces hacia o desde trabajo, y cuando visitas otros sitios frecuentes.
2. Observa las áreas y cosas en las que fijas tu atención de manera consistente cada vez que te mueves en ese espacio. También observa los sitios en los que por lo general no te fijas.
3. Una vez que empieces a notar tus propios puntos ciegos, comienza a observar los puntos ciegos de tus familiares y tus vecinos.
4. Observa también sus patrones regulares. Por ejemplo, podrías prestar atención a la hora en la que salen a por el correo, sacan la basura, salen hacia el trabajo, regresan, etcétera.
5. ¡Diviértete!

Consciencia en las Entradas (Capítulo 18)

El propósito de este juego es recordarte que debes estar esféricamente consciente y en la mejor posición posible cada vez que cruces una puerta u otro pasaje estrecho.

1. Usa todas las puertas, corredores u otros espacios estrechos, incluyendo los que tienes en casa, como señales para reconectarte con la consciencia esférica.
2. Intenta ser el último en entrar o salir por la puerta.

Selección de Asientos (Capítulo 18)

1. Usa la consciencia esférica para percibir la disposición general del edificio y las salidas.

2. Observa qué mesa proporciona el lugar más seguro para sentarse y observar.
3. Trata de elegir una mesa que tenga el menor número de vectores de ataque y que simultáneamente proporcione la mejor vista del espacio completo. Una mesa en un rincón proporciona la posición más ventajosa sin exponer las espaldas.
4. Evita sentarte junto a una ventana, puerta o pasillo, o en medio del espacio.
5. Si la mesa ideal no se encuentra disponible, busca la siguiente mejor mesa que proporcione una buena vista y relativamente pocos vectores de ataque.
6. Una vez que hayas encontrado la mejor mesa posible, observa si puedes persuadir a tus acompañantes para sentarse ahí.
7. Después de dirigirse a la mesa seleccionada, te deberás sentar en la silla más conveniente para tus deberes imaginarios de protector. Ese lugar te permitirá una consciencia visual óptima del lugar completo, mientras que también te permitirá las mejores opciones de movimiento.

Salidas Alternativas (Capítulo 18)

1. En restaurantes u otros edificios, mientras te encuentras en un estado de consciencia esférica, traza mentalmente el espacio interior del lugar.
2. Presta atención a cualquier ventana y puerta.
3. Echa un ojo hacia la cocina para ver si hay una puerta trasera.
4. Verifica si en el baño hay alguna ventana que pueda servir como salida.

Recordatorios de Tiempo (Capítulo 19)

1. Mira el reloj. Haz un ejercicio de consciencia esférica relajada y mantente así hasta que te sientas en un estado meditativo.
2. En cuanto sientas que estás en un estado de meditación, deja de mirar el reloj y haz que tu mente se esfuerce intencionalmente por regresar a un estado no meditativo.
3. Mira la hora de nuevo y vuelve a realizar un ejercicio de consciencia esférica.
4. Cuando te encuentres en estado de meditación, deja de mirar el reloj y haz que tu mente se esfuerce por volver a un estado de ondas cerebrales beta.
5. Repite el proceso al menos entre 5 y 10 veces

Poner a Prueba el Recordatorio (Capítulo 19)

1. Una vez que has programado un recordatorio, olvídate de la meditación y continúa con las actividades usuales de tu día.
2. Si el recordatorio funciona, la próxima vez que veas la hora recordarás meditar.
3. Si el recordatorio no funciona, significa que necesitas pasar un poco más de tiempo programando el recordatorio en tu mente.
4. Una vez que has programado un recordatorio, debes conservar la relación para mantener el recordatorio en funcionamiento.
5. La manera de mantener el recordatorio es meditando, aunque sea brevemente, cuando mires el reloj.
6. Si no meditas cuando miras el reloj, entonces estás deshaciendo la asociación.

Recordatorios de Asimetría (Capítulo 19)

1. Gira un florero.
2. Inclina intencionalmente fotos o cuadros colgados en la pared.
3. Desalinea levemente los muebles.
4. Cada vez que veas la asimetría, tendrás un recordatorio para meditar.

Juego de Asimetría (Capítulo 19)

1. Pídeles a tus familiares o compañeros de casa que creen asimetrías para que las encuentres.
2. Corrige las asimetrías cuando las encuentres.
3. Al final del día, discute con la persona que te ayuda si has detectado correctamente la asimetría que creó.
4. Si las asimetrías son demasiado sutiles para que las notes, pídeles que las hagan un poco más obvias.
5. Si puedes notar fácilmente las asimetrías, podrías pedirle que haga ajustes más pequeños para que el desafío sea mayor.

Transformar al Impostor (Capítulo 20)

1. Métete en la ducha y quédate de pie bajo la ducha y frente al grifo, mirándolo con la intención de dejar correr el agua más fría que pueda salir. Mientras tanto, intenta percibir cualquier signo del Impostor.
2. Nota la tensión, el titubeo, la ansiedad o cualquier otra sensación negativa.
3. Nota si experimentas ansiedad, sin importar cuánta.
4. Una vez que notes los signos del Impostor, observa si puedes hallar en qué parte del cuerpo está ubicado.
5. Mientras sigues observando la ducha, listo para dejar correr el agua fría, observa la sensación e identifícala tocando el punto con la yema de tu dedo.
6. Deja correr el agua, con el objetivo de suavizar y liberar la ansiedad, el miedo y la negatividad.
7. Quédate de pie bajo la ducha hasta que la ansiedad se vaya.
8. Cierra el grifo y quédate ahí durante 15 o 20 segundos.
9. Vuelve a mirar la ducha con la determinación de hacer una segunda vuelta.
10. Observa si hay titubeo o ansiedad.
11. Si los hay, pon tu dedo en el punto de tu cuerpo donde los sientas.
12. Deja correr el agua para empaparte de nuevo.
13. Libera toda la resistencia hasta que estés sonriendo de oreja a oreja.
14. Repite este proceso una y otra vez hasta que todos los titubeos se hayan ido por completo.

Nota: Si sientes estremecimiento u otro signo de hipotermia como los enumerados en el Capítulo 17, aunque sigas teniendo algunas dudas, para ahí, pero con la determinación de repetir el mismo proceso al día siguiente

¡Despierta! (Capítulo 21)

Maneras de ayudarte a levantarte lúcido temprano:
- Antes de irte a dormir, establece la intención de imaginar que hay un extraño en la habitación y necesitas levantarte de inmediato para protegerte y proteger a toda tu familia.
- Antes de irte a dormir, haz un plan de acción detallado para la primera hora de tu día.

- Mueve tu despertador lejos del alcance de tu brazo, de forma que tengas que salir de la cama para apagarlo.

El Baño (Capítulo 21)

1. Una vez que estés levantado y fuera de la cama, dirígete directo al baño para orinar y realizar una visita meditativa a tu maestro, el frío.
2. Cuando hayas terminado de orinar, abre una ventana para permitir que entre el aire fresco. Estando en un estado de meditación, siente y huele la frescura del aire.
3. Observa el mundo a tu alrededor.
4. Si vas a practicar los sonidos primarios, tal vez querrás cerrar la ventana para no molestar a los vecinos, si los tienes.
5. Date tu ducha o baño de agua fría en estado de meditación. ¡Recuerda sonreír!

Salir del Baño (Capítulo 21)

1. Sal del baño en un estado de consciencia esférica.
2. Percibe los espacios de tu casa y usa tu visión de rayos X.
3. Muévete silenciosamente en un estado de consciencia, como si estuvieras cerciorándote de que no hay intrusos en la casa.
4. Observa si puedes notar dónde se encuentran los miembros de tu familia y qué están haciendo antes de verlos físicamente. Hazlo divertido.
5. Si te gusta beber café o té, mientras se prepara la bebida, presta atención a todo el espacio entorno a ti mientras haces algo productivo.

El Día (Capítulo 21)

1. Inicia tu día poniendo atención a los recordatorios que pusiste.
2. Cada vez que te encuentres con un recordatorio, asegúrate de entrar en un estado de consciencia esférica, aunque sea durante solo un minuto.
3. Cuando entres en estado de consciencia esférica, observa si puedes reducir la cantidad de esfuerzo que requiere la transición y si puedes mantener ese estado durante más tiempo.

4. A medida que avances en tu día, observa al Impostor, quien justifica, retrasa, evita, critica y condena.
5. Cada vez que notes esa energía, aligera tu espacio interior y vuelve al estado de consciencia esférica.

Hora de Dormir (Capítulo 21)

1. Antes de acostarte, haz un recuento de tu día.
   - ¿Qué clase de impulsos y obsesiones experimentaste?
   - ¿Te dejaste llevar por ellas o no?
   - ¿Qué cosa hiciste que fuera atractiva pero no valiosa, si hubo alguna?
   - ¿Reforzaste algún hábito poco útil y alguna comodidad distractora?
2. Antes de dormir, haz un plan para dedicarte más a aquello que es atractivo, valioso, útil y necesario, de acuerdo a tu propia definición, no a la comodidad compulsiva.
3. Establece tu objetivo de despertar lúcido y pasar un poco más de tiempo en un estado de consciencia de lo que lo has hecho hoy.
4. Ten cuidado de no culparte o recriminarte. Mantén el juego ligero y divertido.

Avances de La Meditación del Guerrero

La Meditación del Guerrero, libro escrito por el galardonado autor de Alma Liberada (The Unbound Soul), Richard L. Haight, enseña una forma original, instintiva y no religiosa de meditación, que ha sido casi borrada del mundo. Richard L. Haight, maestro de cuatro artes samurái, comparte el secreto mejor guardado del mundo para la superación personal, el desarrollo cognitivo y la liberación del estrés.

Para personas de cualquier formación, género y edad

Podrías preguntarte qué es lo que la experiencia samurái tiene de parecido con tu vida moderna. Después de todo, no hay ejércitos ni asesinos que intenten atacarte a ti o a tu ciudad. En cierta manera, no somos tan diferentes de los samuráis. Con nuestras ocupadas vidas, no tenemos tiempo para dedicar horas cada día practicando meditación. En su lugar, necesitamos un tipo de meditación que permita que nuestras acciones lleguen desde la profundidad de la consciencia, a un mundo acelerado, lleno de presiones. La Meditación del Guerrero te ayuda a acceder y expresarte a partir de esa profundidad naturalmente.

La Meditación del Guerrero es diferente a cualquier otro tipo de meditación. Este método es muy flexible a la hora de aplicarse, lo que le permite integrarse a cualquier cosa que pueda suceder en tu día. A través de sesiones cortas todos los días, los múltiples beneficios de salud tanto cognitiva como física comprobados de la meditación diaria se abrirán ante ti mediante tu vida activa. Ya no necesitas hacer una pausa en tu vida para meditar, ya que con *La Meditación del Guerrero* puedes conseguir tranquilidad, una consciencia clara y una vida vibrante donde quiera que te encuentres. Eventualmente, incorporarás completamente la meditación como una forma de ser, no solo como una acción.

Otros Libros Escritos por Richard L. Haight

The Unbound Soul: A Visionary Guide to Spiritual Transformation and Enlightenment

Inspirience: Meditation Unbound: The Unconditioned Path to Spiritual Awakening

The Psychedelic Path: An Exploration of Shamanic Plants for Spiritual Awakening

Sobre el Autor

Richard L. Haight es el autor de los éxitos en ventas *The Unbound Soul* (Alma Liberada) y *The Warrior's Meditation* (La Meditación del Guerrero) y es instructor con grado de maestro de artes marciales, de meditación y de artes de la sanación. Richard inició su entrenamiento formal en artes marciales a los 12 años de edad y se mudó a Japón a los 24 años para dar un salto en su entrenamiento con maestros del sable, el báculo, y el aiki-jujutsu.

Durante sus 15 años en Japón, Richard obtuvo licencias de maestro en cuatro artes samurái, así como en un arte de sanación tradicional llamado sotai-ho. Richard es uno de los mayores expertos a nivel mundial en artes marciales tradicionales japonesas.

A través de sus libros y sus seminarios de meditación y artes marciales, Richard Haight está ayudando a encender la chispa del movimiento de la transformación personal a nivel mundial, libre de cualquier restricción y abierto a cualquier persona en cualquier nivel. Richard vive y da clases en Oregón, Estados Unidos.

Consciencia Inquebrantable

Recibiendo la Licencia de Dominio Absoluto, por parte del Maestro Shizen Osaki
Kanagawa, Japón, Julio de 2012.

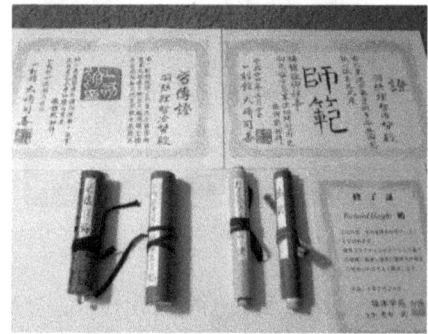

(Parte superior, de izquierda a derecha) Licencia de Dominio Absoluto y Licencia de Instructor en Daito-ryu Aikijujutsu
(Pergaminos de Dominio, de izquierda a derecha) Daito-ryu Aikijujutsu, Yagyu Shinkage-ryu Hyoho, Shinkage-ryu Jojutsu, Seigo-ryu Battojutsu, Sotai-ho (Licencia de Maestro)

Al Frente y al Centro, Shizen Osaki, Sensei
Kanagawa, Japón, octubre de 2017

Referencias Bibliográficas

Bratic, Ana, and Nils-Gorän Larsson. "The Role of Mitochondria in Aging." *Journal of Clinical Investigation* 123:3 (2013): 951-957.

"Hypothermia." Mayo Clinic. <https://www.mayoclinic.org/diseases-conditions/hypothermia/symptoms-causes/syc-20352682>

Pizzorno, Joseph. "Mitochondria-Fundamental to Life and Health." *Integrative Medicine* 13:2 (2014): 8-15.

"Raynaud's Phenomenon." Johns Hopkins Medicine <www.hopkinsmedicine.org/health/conditions-and-diseases/raynauds-phenomenon>

Spector, Dina. "The Odds of You Being Alive Are Incredibly Small." Business Insider 11 June 2012 <https://www.businessinsider.com/infographic-the-odds-of-being-alive-2012-6>

"Stunning Details of Brain Connections Revealed." ScienceDaily, 17 November 2010. <www.sciencedaily.com/releases/2010/11/101117121803.htm>

"Vagus Nerve." Encyclopaedia Britannica. Accessed 29 June 2020. <www.britannica.com/science/vagus-nerve>

Wigley, Fredrick M. and Nicholas A. Flavahan. "Raynaud's Phenomenon." *New England Journal of Medicine 375:6 (10 August 2016): 556-565.*

Contacto

Estas son algunas maneras de contactar con las enseñanzas de Richard Haight:

- Sitio web: https://richardlhaight.com
- Notificaciones Editoriales: https://richardlhaight.com/notifications
- YouTube: Tools of Spiritual Awakening with Richard L Haight
- Facebook: Total Embodiment Guided Meditations with Richard L. Haight
- Correo electrónico: contact@richardlhaight.com

Cuaderno de Ejercicios Paso a Paso

Capítulo 1 – Plasticidad Neuronal (página 11)

¿Estoy anclado a mis hábitos?

    Sí   No

¿Qué áreas mencionaría una persona que me conoce bien, si le preguntara sobre áreas en las que estoy anclado a mis hábitos?

-
-
-
-
-

¿Cuáles son mis creencias condicionantes?

-
-
-
-
-

¿Qué cosas podría hacer ahora mismo para ayudar a modificar dichas creencias?
-
-
-
-
-

Estas son algunas áreas en las que estoy atascado y que me gustaría cambiar:
-
-
-
-
-

Con el poder de la plasticidad neuronal, los humanos pueden fortalecer intencionalmente cualquier patrón cerebral. ¿Qué patrones saludables me gustaría reforzar hoy mismo?
-
-
-
-
-

¿Qué he hecho hoy para cambiar positivamente mis hábitos?

-

-

-

-

-

Valora la calidad de tu sueño de los próximos diez días, rodeando con un círculo la descripción que corresponda mejor.

1. Muy mala   Mala   Buena   Bastante buena   Como un bebé
2. Muy mala   Mala   Buena   Bastante buena   Como un bebé
3. Muy mala   Mala   Buena   Bastante buena   Como un bebé
4. Muy mala   Mala   Buena   Bastante buena   Como un bebé
5. Muy mala   Mala   Buena   Bastante buena   Como un bebé
6. Muy mala   Mala   Buena   Bastante buena   Como un bebé
7. Muy mala   Mala   Buena   Bastante buena   Como un bebé
8. Muy mala   Mala   Buena   Bastante buena   Como un bebé
9. Muy mala   Mala   Buena   Bastante buena   Como un bebé
10. Muy mala   Mala   Buena   Bastante buena   Como un bebé

¿Qué tres cosas que puedo hacer para mejorar la calidad de mi sueño?

-

-

-

La sensación del 'yo' cambia con el tiempo. Estas son algunas cosas de mi sensación del 'yo' que han cambiado con los años:

-
-
-
-
-

Planifica todo un año de cambios positivos a nivel emocional, mental y de comportamiento. Estas son las cinco cosas principales que cambiaré en el transcurso de un año:

-
-
-
-
-

Sentirse incómodo es necesario para aprender cualquier cosa. ¿En qué formas he cambiado intencionalmente para salir de mi zona de confort durante el día de hoy?

-
-
-
-
-

¿Qué hábitos negativos o poco útiles protejo más a través de la negación o la justificación?

-

-

-

-

-

¿Cuáles son algunos de los diálogos mentales que uso para proteger mis hábitos negativos?

_____
_____
_____
_____
_____
_____
_____
_____
_____

En términos de prioridades, los hábitos negativos que estoy dispuesto a abandonar son los siguientes:
1.
2.
3.
4.
5.

Capítulo 2 — Estimulación del Nervio Vago (página 18)

¿He practicado la estimulación del nervio vago hoy?

    Sí   No

¿Cómo me sentía antes de la estimulación del nervio vago?

    Ansiedad:

        Muy baja   Baja   Promedio   Alta   Muy alta

    Motivación positiva:

        Muy baja   Baja   Promedio   Alta   Muy alta

    Claridad:

        Muy baja   Baja   Promedio   Alta   Muy alta

¿Cómo me he sentido después de realizar la estimulación del nervio vago tres veces?

    Ansiedad:

        Muy baja   Baja   Promedio   Alta   Muy alta

    Motivación positiva:

        Muy baja   Baja   Promedio   Alta   Muy alta

    Claridad:

        Muy baja   Baja   Promedio   Alta   Muy alta

¿He notado que mi pulso o presión arterial han cambiado mediante la respiración vaga?

    Sí   No   No estoy seguro

¿Cómo me siento tras realizar la estimulación del nervio vago tres veces?

_____
_____
_____
_____
_____
_____
_____
_____

¿Siento que practicar la estimulación del nervio vago diariamente sería positivo para mi vida?

　　Sí　　No　　No estoy seguro

¿Por qué lo siento así?

_____
_____
_____
_____
_____
_____
_____
_____
_____

Continuando con lo mencionado en el Capítulo 1, ¿cómo incorporaré la respiración vaga a mi vida cotidiana?

_____
_____
_____
_____
_____
_____
_____
_____

Capítulo 3 – Otros Cambios Corporales (página 22)

Desde mi propia perspectiva, así valoro la fuerza de mis vasos sanguíneos:

    Muy débiles   Débiles   Promedio   Fuertes   Muy Fuertes

Desde mi propia perspectiva, así valoro la fuerza de mis mitocondrias:

    Muy débiles   Débiles   Promedio   Fuertes   Muy Fuertes

¿Siento que tener vasos sanguíneos más fuertes y mitocondrias más saludables me ayudará a estar en un estado de consciencia de manera más consistente?

    Sí   No   No estoy seguro

¿Por qué lo siento así?

_____
_____
_____
_____
_____
_____
_____
_____
_____

¿Mi respuesta proviene de mi amplia experiencia en el MITM, de algo que me enseñaron en algún otro lado, o de supuestos?
- Amplia experiencia en el MITM
- Algo que me enseñaron en algún otro lado
- Supuestos

Capítulo 4 - Sonidos Primarios (página 28)

¿Entiendo la perspectiva de los antiguos con relación a los sonidos sagrados?
    Sí   No   No estoy seguro

¿Puedo sentir el cambio de las ondas cerebrales beta a las ondas cerebrales alfa cuando produzco los sonidos primarios?
    Sí   No   No estoy seguro

¿He notado que los sonidos secundarios no pueden mantenerse durante un aliento completo como los sonidos primarios?

    Sí   No   No estoy seguro

¿Me siento más tranquilo y más consciente después de entonar los sonidos primarios?

    Sí   No   No estoy seguro

Capítulo 5 – Dimensiones de los Sonidos (página 33)

¿Puedo sentir cómo viaja el sonido de "A" por mi cuerpo?

    Sí   No   No estoy seguro

Una vez que he percibido las dimensiones de cada sonido, usando una línea para cada uno, ¿cómo describiría las dimensiones de cada sonido tal y como yo las siento?

A_____

_____

I_____

_____

U_____

_____

E_____

_____

O_____

_____

Mnn_____
_____

Nnn_____
_____

Capítulo 6 – Terapia con Sonidos (página 36)

¿Disfruto entonando
los sonidos primarios?

   Sí   No   No estoy seguro

¿Soy capaz de hallar el sonido y el tono que parecen más provechosos para mi cuerpo?

   Para nada   Tengo una idea vaga   Percibo claramente el sonido provechoso

¿Soy capaz de hallar el sonido y el tono que parecen más desfavorables para mi cuerpo?

   Para nada   Tengo una idea vaga   Percibo claramente el sonido desfavorable

¿He terminado la práctica con el sonido que es más provechoso?

   Sí   No   No estoy seguro

Capítulo 7 — Purificación con Agua (página 41)

Dejando a un lado el conocimiento de la ciencia, ¿me identifico con la perspectiva antigua sobre los espíritus?

Sí   No   No estoy seguro

¿Puedo ver por qué los antiguos pensaban que la inmersión en agua fría exorcizaba a los espíritus malignos?

Sí   No   No estoy seguro

¿Qué experiencias emocionales en mi vida describirían los antiguos como "espíritus"?

_____

_____

_____

_____

_____

_____

_____

_____

¿Cuáles son algunos de los "espíritus" en mi pareja, amigos o familiares que me gustaría poder purificar con agua?

_____

_____

¿Cuáles son algunos de los "espíritus" en mí que me gustaría poder purificar con agua?

¿Qué emociones negativas estoy dispuesto a purificar con agua?

Capítulo 8 - Enfrentarse al Agua (página 44)

¿Cómo me sentía justo antes de iniciar la ducha con agua fría?

¿Cómo me sentía justo después de la ducha?

¿La práctica ha modificado mi estado emocional y mis niveles de energía?
   Sí   No   No estoy seguro

¿Siento que el Aliento de Fuego me ha ayudado a controlar mi respiración?

Sí   No   No estoy seguro

Si el aliento de fuego ha ayudado, ¿aproximadamente cuánto tiempo me ha costado regular mi respiración?

Aproximadamente ___ segundo(s)/minuto(s)

He podido permanecer en la ducha fría durante ___ minutos.

Mañana, mi objetivo es permanecer en la ducha fría durante ___ minutos.

Teniendo en mente la seguridad y la mejora, ¿cuál es el método más adecuado para practicar las duchas de agua fría?

Ducha Fría Total   Método Gradual   Método del Lavabo

¿Ha cambiado con el tiempo mi método para darme duchas de agua fría?

Sí   No

Capítulo 9 - Fluir con Problemas de Salud (página 53)

¿Experimento los síntomas del síndrome de Raynaud? En caso afirmativo, ¿cómo debería cuidarme, particularmente con relación a las duchas de agua fría y la dieta?

_____
_____
_____
_____

¿Tengo algún otro problema de salud que haga particularmente desafiante el darme duchas con agua fría?

¿Qué opina mi médico sobre darme duchas de agua fría?

Capítulo 10 - Medir el Progreso (página 58)

¿He sido capaz de producir un sonido de "A" sostenido y claro estando en la ducha de agua fría?

No   Casi   Perfectamente

¿He intentado algún otro sonido primario además de "A"? ¿Qué ha ocurrido con ese otro sonido?

_____
_____
_____
_____
_____

¿He notado que mi capacidad para producir sonidos primarios en la ducha ha mejorado con la práctica?

Sí   No   No estoy seguro

¿Cómo ha cambiado mi capacidad de permanecer consciente bajo tensión, como resultado de tomar intencionalmente duchas de agua fría?

_____
_____
_____
_____
_____
_____

Capítulo 11 - Luchar Contra el Miedo (página 64)

¿Me he duchado con agua fría a la hora del día en que tenía mi punto de energía más alto?

Sí   No   No estoy seguro

Consciencia Inquebrantable

¿Cuál ha sido mi grado de resistencia mental y física al darme la ducha de agua fría en mi punto de mayor energía? ¿Cuánto tiempo he permanecido en la ducha?

_____
_____
_____
_____
_____

¿Me he duchado con agua fría cuando estaba en mi punto de menor energía?

    Sí   No   No estoy seguro

¿Cuál ha sido mi nivel de resistencia a la ducha en un estado de baja energía? ¿Cuánto tiempo he permanecido en la ducha?

_____
_____
_____
_____
_____

¿Cuál ha sido mi diálogo interior sobre las duchas de agua fría?

_____
_____
_____

_____

_____

¿Creo que los pensamientos y sentimientos de resistencia son de mi verdadero 'yo' o siento que son simples rutas neurales habituales?

Sí   No   No estoy seguro

¿Siento culpa o pena cuando reconozco esos sentimientos y pensamientos o soy capaz de simplemente observarlos?

Culpa   Pena   Culpa y Pena   Simplemente los observo

¿He notado los mismos diálogos interiores de resistencia en otras áreas de mi vida más allá de la experiencia de la ducha de agua fría?

Sí   No   No estoy seguro

Estos son los diálogos de resistencia que he experimentado durante mi vida cotidiana.

-

-

-

-

-

¿Qué pensamientos y sentimientos estoy identificando como 'yo' ahora mismo?

-

-

-

-

-

¿Cuándo y cómo surgen durante el día?

_____
_____
_____
_____
_____
_____
_____
_____

¿He notado una menor identificación con pensamientos o sentimientos particulares a través del entrenamiento para la presión con las duchas de agua fría?

Sí   No   No estoy seguro

Si has respondido "Sí", enumera los pensamientos y sentimientos que han relajado su control sobre tu identidad.
-
-
-
-
-

Capítulo 12 Ser Consejero de tu Propia Mente (página 70)

Con el objetivo de guiar mi mente, ¿uso el método gradual para las duchas de agua fría?

Todas las veces   A veces   Nunca

¿Me ha ayudado el método gradual a tomar confianza lentamente para poder tomar una ducha fría completa?

Sí   No   No estoy seguro

¿Darme opciones ha reducido la resistencia?

Sí   No   No estoy seguro

Capítulo 13 - Ser Consejero de tu Propio Cuerpo (página 73)

¿Qué tácticas dilatorias ha empleado mi subconsciente para evitar las duchas de agua fría?
-
-
-

-

-

¿Qué porcentaje del tiempo soy capaz de asesorar exitosamente a mi cuerpo para que tome duchas de agua fría?

Aproximadamente _____%

¿Qué estrategias de negociación funcionan mejor para mí? Enuméralas en orden de efectividad:

1.

2.

3.

Capítulo 14 - El Poder de un Aliento (página 78)

Siguiendo el principio de un aliento, ¿qué puedo hacer para tomar acción inmediatamente respecto a una meta, idea o intención?

_____
_____
_____
_____
_____
_____
_____
_____
_____

¿Qué ideas tengo que puedo comenzar ahora mismo, anotándolas?

_____
_____
_____
_____
_____
_____
_____
_____
_____

Capítulo 15 - Meditación Básica con el MITM (página 84)

¿Soy consciente de cuando mi mente se centra en algo y deja todo lo demás de lado?
    Sí   No   Ocasionalmente   No estoy seguro

¿Presto atención a los diferentes estados de mi mente durante el día?
    Sí   No   Ocasionalmente

¿Me molesto cuando algo interrumpe mi concentración?
    Todas las veces   Algunas veces   Rara vez   Nunca

Durante la meditación de consciencia visual, ¿he notado la diferencia entre el estado alfa del campo visual relajado y el estado beta de la atención centrada?

Sí   No   No estoy seguro

¿Cómo me siento antes de meditar, en comparación con la sensación durante la meditación?

_____
_____
_____
_____
_____
_____
_____
_____

¿Cómo ha sido mi experiencia de meditación en la ducha de agua fría? ¿Cuáles han sido las dificultades? ¿He podido permanecer en estado de meditación? ¿Qué me ha gustado de la experiencia?

_____
_____
_____
_____
_____

Capítulo 16 - Consciencia Esférica (página 93)

¿Cómo ha sido mi primera experiencia de meditación de consciencia esférica?

¿He podido experimentar la consciencia esférica en la ducha al primer intento?

Sí   No   No estoy seguro

Mi primer intento de entrar en consciencia esférica en la ducha de agua fría ha ido de la siguiente forma:

_____
_____
_____
_____
_____
_____
_____
_____
_____

Capítulo 17 - Entrenamiento Corporal Profundo (página 100)

¿Qué he notado al tomar una ducha de agua fría después de cargar mi cuerpo de calor?

_____
_____
_____
_____
_____

¿Cuál es más desafiante para mi meditación ahora mismo, las duchas de agua fría o los baños de agua fría?

    Duchas de agua fría   Baños de agua fría   No estoy seguro

¿Cómo ha sido mi primera experiencia con un baño de agua fría?

_____
_____
_____
_____
_____
_____
_____
_____
_____
_____
_____
_____
_____
_____
_____
_____
_____
_____
_____
_____

Capítulo 18 - Ejercicios y Juegos para la Consciencia (página 106)

¿Qué ejercicios y juegos he practicado? Márcalos con una cruz.

Visión de rayos X

Girar con visión de rayos X

Vista Topográfica

El Juego del Asesino

Notar los Puntos Ciegos

Conciencia en las Entradas

Selección de Asientos

Salidas Alternativas

¿Cuáles son mis juegos y ejercicios favoritos? Enumera los tres principales.
1.
2.
3.

¿Qué he notado al realizar esos juegos y ejercicios en particular?
_____
_____
_____
_____
_____
_____

_____
_____

¿He realizado los juegos de una manera ligera y divertida?

    Sí   No   No estoy seguro

¿Existen algunos juegos o ejercicios que no me gusten? Enuméralos.

-

-

-

¿Por qué no me gustan esos juegos y ejercicios?
_____
_____
_____
_____
_____
_____
_____
_____
_____
_____
_____
_____

¿Qué ejercicios o juegos necesito practicar más? Enuméralos.
-
-
-

Capítulo 19 - Recordatorios Diarios (página 118)

Siento que los recordatorios de tiempo me van a resultar útiles.
   Verdadero   Falso

He podido programar mi cerebro exitosamente para recordarme meditar cuando miro el reloj.
   Verdadero   Falso

¿Qué otro tipo de recordatorios estoy usando durante mi día?
-
-
-
-
-
-

¿Qué tipo de recordatorios parecen funcionar mejor para mí? Enuméralos por orden de beneficios.
1.
2.
3.

Capítulo 20 - El Corazón del Caos (página 124)

¿Alguna vez he notado la voz del Impostor?

    Sí   No   No estoy seguro

¿Por lo general noto inmediatamente cuando surge la voz del Impostor?

    Nunca   Casi nunca   Ocasionalmente   A menudo   Siempre

¿Qué diálogo del Impostor he experimentado el día de hoy?

_____
_____
_____
_____
_____
_____

¿En qué sitio de mi cuerpo se ubicaba?

_____
_____
_____
_____
_____
_____

Consciencia Inquebrantable

¿He cedido a los impulsos y obsesiones del Impostor el día de hoy? ¿A qué impulso u obsesión he cedido? ¿Cuál ha sido el resultado?

_____
_____
_____
_____
_____
_____
_____
_____
_____

Si he sido capaz de auto asesorarme para evitar seguir al Impostor, ¿cómo me sentí por esto y cuál fue el resultado?

_____
_____
_____
_____
_____
_____
_____
_____
_____
_____

Capítulo 21 - Incorporación Diaria (página 129)

He despertado lúcido esta mañana.
  Totalmente de acuerdo   De acuerdo   No estoy seguro   En desacuerdo   Totalmente en desacuerdo

Me doy a mí mismo una motivación poderosa para levantarme inmediatamente al despertar.
  Totalmente de acuerdo   De acuerdo   No estoy seguro   En desacuerdo   Totalmente en desacuerdo

Escribo mis intenciones para el día siguiente la noche anterior como fuerza motivadora para levantarme de la cama por la mañana.
  Verdadero   Falso

Practico los sonidos primarios y me doy una ducha de agua fría justo al levantarme.
  Verdadero   Falso

Hago un juego de consciencia para afinar mi atención todos los días.
  Verdadero   Falso

Establezco recordatorios en mi entorno para ayudarme a mantenerme en un estado de consciencia esférica durante el día.
  Verdadero   Falso

Antes de acostarme, hago un recuento del día haciéndome las siguientes preguntas:
-
-
-
-
-

¿He notado hoy al 'Impostor'? En caso afirmativo, ¿he sido capaz de suavizar el espacio interior y volver a un estado de consciencia?

    Sí   No

¿He practicado hábitos poco útiles o comodidades distractoras?

    Sí   No

¿Qué he hecho que haya sido atractivo, pero no valioso?

_____
_____
_____
_____
_____
_____
_____
_____

¿He cumplido todo lo que me he propuesto hacer hoy?

   Sí   No

¿Me he puesto el objetivo de pasar un poco más de tiempo en un estado de consciencia de lo que lo hice ayer?

   Sí   No

¿Me he divertido trabajando la consciencia?

   Sí   No

¿Cómo he hecho que este día saliera bien?

_____
_____
_____
_____
_____
_____
_____
_____
_____
_____
_____
_____

Capítulo 22 – Transformación (página 136)

¿Qué cambios positivos he notado que hayan surgido como resultado de practicar el Método de Incorporación Total de la Meditación?

_____
_____
_____
_____
_____
_____
_____
_____
_____
_____
_____
_____
_____
_____
_____
_____

A una persona promedio le cuesta alrededor de 66 días establecer un hábito saludable, pero a algunas personas puede llevarles hasta un año. Una excelente manera de ayudar a establecer una práctica saludable del MITM es llevar un registro de las actividades que puedas controlar con marcas al final de cada día. Llevar este registro todos los días te ayudará enormemente.

Por favor descarga la tabla para imprimir
https://richardlhaight.com/uaworkbook

Entrenamiento Diario de Meditación Guiada con Richard L. Haight

Si te gustaría recibir mayor instrucción práctica sobre sus métodos y enseñanzas de meditación, puedes obtener una prueba de 30 días del servicio diario de meditación guiada del MITM con Richard L Haight. ¡Miles de personas lo están haciendo todos los días!

Visita: https://richardlhaight.com/services

www.ingramcontent.com/pod-product-compliance
Lightning Source LLC
Chambersburg PA
CBHW070147100426
42743CB00013B/2835